Lily Weiser-Aall: Volkskunde und Psychologie

Volkskunde und Psychologie

Eine Einführung

von

Lily Weiser-Aall

1937

Walter de Gruyter & Co.

vormals G. J. Göschensche Verlagshandlung — J. Guttentag, Verlagsbuchhandlung — Georg Reimer — Karl J. Trübner — Veit & Comp.

Berlin und Leipzig

Archiv-Nr. 46 24 37
Druck von Walter de Gruyter & Co., Berlin W 35
Printed in Germany

Anathon Aall

zum 15. August 1937

gewidmet

Inhaltsverzeichnis

I. Volkskunde und Psychologie

1. Die Volkskunde ist eine psychologische Wissenschaft

Die Beschäftigung mit volkskundlichen Stoffen führt immer wieder zu psychologischen Fragen. Sowie die volkskundliche Forschung über Sammeln und Beschreiben der in ihren Kreis gehörigen Erscheinungen hinausgeht, sobald Sinn, Entfaltung, Umgestaltung, Erhaltung oder Verlust von Formen oder Inhalten, Wesen und Typen einzelner Volkspersönlichkeiten[1] untersucht werden, reicht das geschichtlich-sprachwissenschaftliche Rüstzeug in vielen Fällen nicht aus. Diese Tatsache hat schon vor längerer Zeit zu einer zusammengesetzten Arbeitsweise, einer Verbindung historisch-philologischer Methoden mit der vergleichenden völkerpsychologischen Methode geführt. Auch die Behauptung, die Volkskunde sei eine psychologische Wissenschaft ist nicht neu, sondern ist mit Recht seit langem immer wieder hervorgehoben worden. Doch die Aufstellung dieses richtigen Satzes, oder besser dieser richtigen Forderung, war nur der erste Schritt, und dieser hat noch nicht die erreichbaren Folgen gebracht. Nun gilt es den zweiten Schritt zu machen und sich ernstlich mit den psychologischen Fragen, die das Arbeitsgebiet der Volkskunde mitbestimmen, auseinanderzusetzen und das wissenschaftliche Rüstzeug dazu zu erwerben.

Ohne allgemeine Psychologie ist die Beschäftigung mit Völker- und Religionspsychologie wissenschaftlich nicht möglich. Es ist ein großer, leider recht verbreiteter Irrtum, daß man ohne sie auskommen könnte. Selbstverständlich ist nun nicht davon die Rede, daß etwa durch psychologisches Wissen die historisch-philologische Methode ersetzt oder verdrängt werden sollte. Im Gegenteil, die neueste Psychologie läßt bei jeder Einzelheit deutlich hervortreten, daß jede Erscheinung des Seelenlebens als Glied einer Reihe

[1] Vgl. z. B. A. Haberlandt, Lebenskreise als Forschungsziel der Volkskunde. Festschrift Theodor Siebs. Germanistische Abhandlungen 67 (1932), 379 ff.

auch eine historische Seite hat. So soll die Psychologie mit ihren Erkenntnissen und ihrem wissenschaftlichem Rüstzeug vor allem da eintreten, wo die Arbeitsweise der anderen Fächer nicht weiterführen kann. Die neueste Psychologie kann die volkskundliche Arbeit aber nicht nur vertiefen, sondern psychologische Einsichten können in günstigen Fällen sogar eine Quellenerweiterung für die volkskundliche Forschung bedeuten.

Volkskunde und Psychologie haben ein Arbeitsgebiet, das sich für weite Strecken deckt. Volkskunde ist die Wissenschaft von geistigen und sachlichen Lebensäußerungen des Volkes. Psychologie ist die Wissenschaft von allen Äußerungen und Anlagen des Seelenlebens.

2. Wie wurde bisher die Forderung Volkskunde sei eine psychologische Wissenschaft in Tat umgesetzt?

Das Beste, das in dieser Hinsicht geleistet worden ist, blieb, so viel ich sehe, fast unbeachtet; mehrere Arbeiten von C. W. von Sydow, vor allem Spöktro och Vättetro (FoF 1925 H. 1, 1ff.; H. 2, 3ff.) und W. Liungmann Sinnesvillor och Sägenbildning (FoF 1927, 169ff.). In beiden Arbeiten wird vor allem die Bedeutung der Halluzination für den Volksglauben behandelt. Aber leider bleibt der Begriff der Halluzination zu weit und wird vor allem nicht im Zusammenhang mit dem gesamten seelischen Leben erfaßt, sondern sozusagen isoliert von anderen Wissenschaftsgebieten übernommen. Im ganzen sind diese Darlegungen auch zu stark mit rein logischen Begriffen durchsetzt, was mit dem eben erwähnten Mangel eng zusammenhängt. Hierher gehören auch zwei ausgezeichnete Untersuchungen von Ranke, Sage und Erlebnis, Der Hieckup[1]. Im übrigen aber hat man sich vielfach mit Laien- oder *Alltagspsychologie* begnügt; ging man darüber hinaus, so griff man gerne zur *Pathologie*. Besonders das letztere ist bezeichnend für eine im letzten Grunde logische und erkenntnistheoretische Einstellung den Erscheinungen der Volkskunde gegenüber, die, vielleicht unbewußt, doch das

[1] Ranke, Volkssagenforschung II, III.

scheinbar Auffallende, Abwegige, Kuriöse im Gegensatz zum „Normalen", Gebildeten heraussuchte, wobei sogar ein Werturteil, das hier nichts zu suchen hat, mitspielte. Selbstverständlich ist die Grenze zwischen normal und krankhaft fließend. Aber die Kenntnis der allgemeinen Psychologie wird zeigen, daß sich sehr viel normal-psychologisch verstehen läßt, daß man nur selten zu pathologischen Erklärungen greifen muß. Das wäre auch eine erfreuliche Seite der neuen Einstellung: Mit dem sicheren Blick für normales Seelenleben mit seinen verschiedenen Formen würde das Abgrenzen bestimmter seelischer Erscheinungen als Aberglaube z. B. und damit eine, wenn auch z. T. unbewußte, negative Wertung wegfallen. Alle Erscheinungen des Volkslebens werden als seelische Verhaltungsweisen, als Versuche sich mit Umwelt und Mitwelt auseinanderzusetzen, erscheinen.

Das ist aber nur eine Seite des Problems, die allgemeinpsychologische. Immer mehr dringt die Überzeugung durch, daß feste Formen von religiösen Vorstellungen und Gebräuchen nur dort entstehen und weitergepflegt werden, wo sie durch eine soziale Gruppe anerkannt und überliefert werden. Diese Anschauung macht die Auffassung von Überresten als Kuriositäten usw. unmöglich. Jede volkskundliche Frage hat daher auch eine soziologische und sozialpsychologische Seite. Auf sozialpsychologische[1] Fragen soll hier nicht weiter eingegangen werden, es müssen zuerst die allgemeinpsychologischen Grundlagen erarbeitet werden, und die erste Frage war, wie weit man bisher mit der Psychologie in der Volkskunde gekommen war.

Mit der Alltagspsychologie ist meist ein Stück weiterzukommen. Sie beruht z. T. auf natürlicher Menschenkenntnis, die groß und tief sein kann, aber daneben doch vor allem auf Glauben und Meinen. Außerdem wurde bisher viel mit einzelnen Fachausdrücken der Psychologie und Soziologie gearbeitet, um das volksmäßige Denken zu beschreiben und zu kennzeichnen; mit Assoziationen, assoziativem Denken, komplexem, emotionalem Denken,

[1] Hingewiesen sei auf die ausgezeichnete Behandlung der Wechselwirkung zwischen sozialem Milieu, Beruf und Sagenausgestaltung in dem Werk von Gunnar Granberg. Vgl. auch Geiger 16ff.

Bezeichnungen, die später eingehend behandelt werden. Doch soll schon hier gleich bemerkt sein, daß diese Ausdrücke sehr wenig besagen, da jedes Denken zugleich komplex, assoziativ und emotional ist. Diese Andeutungen mögen genügen, um zu dem Schluß zu kommen: Soll Volkskunde wirklich eine psychologische Wissenschaft sein, so kann es wohl nur die neueste Forschung nach strengen Methoden sein, auf die es hier ankommt.

Man muß also von den verschwommenen und unregelmäßigen Bezeichnungen der Laienpsychologie loskommen. Es dürfen nicht mehr einzelne Fachausdrücke und Schlagwörter übernommen werden; sondern der Volkskundeforscher muß genau wissen, was die neueste wissenschaftliche Psychologie über das Wahrnehmen, die Denkvorgänge lehrt; wissen wie das Gedächtnis arbeitet, welche Rolle der Assoziation, dem Gefühl usw. zukommt.

Einige seelische Erscheinungen, die schon oft in großen Einzeldarstellungen behandelt worden sind, wie z. B. Traum und Suggestion, werden hier nicht besprochen.

Die Aufgabe der vorliegenden Einführung ist Studierenden und Volkskundeforschern die Fragen nahezubringen, die aus der Tatsache, daß die Volkskunde auch eine psychologische Wissenschaft ist, erwachsen. Es handelt sich also nicht um ein Lehrbuch der Psychologie, sondern vielmehr um eine Anleitung dazu, an welchen Punkten vor allem das Studium der Psychologie einzusetzen hat. Reichliche Hinweise auf psychologische Handbücher und Fachliteratur sind daher vorgesehen und ergänzende Benützung einer Darstellung der Psychologie, wie z. B.: Die Grundzüge der Psychologie von Ebbinghaus, herausgegeben von Karl Bühler, oder die bedeutend kürzere Psychologie von Häußler-Redl, ist Voraussetzung. Vor allem soll diese Einführung Studenten, die schon selbst wissenschaftliche Aufgaben in Angriff nehmen, Anregungen bieten. Es handelt sich um einen ersten Versuch, der neue Wege weisen, besonders auf Fragen und Schwierigkeiten aufmerksam machen will. Er soll bewahren vor Scheindenken, Scheinaufgaben, vor Vereinfachungen und davor, Sätze irgendwelcher psychologischer Sonderrichtungen als fertige Ergebnisse zu übernehmen und an volkskundlichem Stoff zu exemplifizieren.

II. Grundbegriffe der Psychologie

Mit dem Ausdruck Ich, Seele, Person erstrebt man einen wissenschaftlichen Begriff, der die seelischen Vorgänge zusammenfaßt. Nach den Arbeitshypothesen der neusten Psychologie ist dieses Ich als Ganzheit an allen seelischen Vorgängen, an allem Erleben beteiligt, ohne daß allerdings diese Ganzheit immer zum Bewußtsein kommt[1]. Bei allem Wahrnehmen, Vorstellen, Denken ist das fühlende und wollende Ich beteiligt, ebenso spielen bei jedem Fühlen und Wollen, Empfindungen, Vorstellungen, Denken mit: d. h. die seelischen Tätigkeiten sind unlöslich ineinander verwoben. Es ist m. a. W. das Erleben des Menschen ein unmittelbar gegebener Komplex[2], nicht etwa eine bewußt verarbeitete Synthese. Dieser Komplex wird mit fortschreitender Entwicklung mehr und mehr gegliedert. Bei dieser Betrachtungsweise wird dem tatsächlichen Zusammenhang jedes Erlebens mit der gesamten persönlichen Vergangenheit, den Einwirkungen der Erziehung und Umwelt, der richtunggebenden Wirkung für die Zukunft Rechnung getragen.

Die ganzheitliche Betrachtung ist zugleich eine funktionelle. Das letztere besagt, daß es sich um ein Zusammenspiel, einen Zusammenhang der einzelnen seelischen Vorgänge handelt, der ein Leistungszusammenhang ist[3].

Seelische Vorgänge sind nur in Verbindung mit einem Körper bekannt. Obwohl hier nicht alles geklärt ist, so scheint doch jedem Bewußtseinsvorgang ein Vorgang in den Nerven und im Gehirn zu entsprechen. Diese Zweiseitigkeit der seelischen Vorgänge ist nicht als Dualismus, sondern als untrennbare Einheit, als untrennbarer Zusammenhang zu verstehen[4]. Untersuchungen über diesen Zusammenhang haben gezeigt, daß eine Zuordnung physiologischer und psychologischer Vorgänge zwar konstant, aber zugleich vieldeutig ist.

[1] Müller-Freienfels, Grundzüge einer Lebenspsychologie. [2] F. Krueger, Über psychische Ganzheit, 75. [3] E. Jaensch, ZPs 129, 158ff. [4] Es ist Aufgabe der Psychophysiologie, diese Zuordnung zu erforschen.

Diese Zuordnung wird beleuchtet durch Versuche und Arbeiten, die von dem Russen Pawlow und seinen Schülern gemacht wurden, und neuestens durch die Erforschung der inneren Sekretion. Die Versuche Pawlows sind unter dem Namen „Bedingter Reflex"[1] (conditional reflex), auch psychischer oder Assoziationsreflex bekannt. Es genügt, daß ein Hund Futter riecht, oder das Klirren des Geschirres wie bei früherer Darreichung der Nahrung hört, um seine Speichelabsonderung zu vermehren. (Beim Sehen leckerer Eßwaren, oder beim Lesen davon, läuft einem das Wasser im Mund zusammen.) Dasselbe ist bei anderen Drüsen der Fall. Das Merkwürdige und Wichtige ist nun, daß man dieselbe Wirkung auch auf indirektem Weg erreichen kann, d. h., daß man einen Reiz durch einen anderen ersetzen kann. Folgendes Beispiel aus Watsons Psychologie möge das erläutern: Man läßt einen leichten elektrischen Stoß auf den Fuß eines Menschen einwirken und der Fuß zuckt in die Höhe. Gleichzeitig mit dem Stoß läßt man nun ein Glockensignal erklingen und wiederholt das mehrere Male. Dann wird das Glockenzeichen allein, ohne den elektrischen Stoß, das Hochzucken des Fußes bewirken. Die Stellvertretung der Reize kann durch mehrere Glieder weitergehen. Auf diese Vertauschbarkeit der Reize, die auch im Gefühls- und Vorstellungsleben eine große Rolle spielt, wird später zurückzukommen sein (S. 58 f.).

Zwischen beiden Reihen besteht eine Wechselwirkung. Starker Zorn kann die Verdauung beeinträchtigen. Innere Sekretion verschiedener Organe kann die seelische Gesamthaltung verändern. Eine andere Wechselwirkung psychophysischer Art war längst bekannt: Krankheit der Nerven und des Gehirnes beeinflußt das Bewußtsein. Wie aber die Zuordnung der psychischen und physischen Reihen im einzelnen arbeitet, ist noch nicht erforscht. Soviel aber läßt sich sagen: Das Verhältnis zwischen der lebenden Seele und physikalischen Energien ist kein einfaches, sondern ein verwickeltes Problem. Am Gehirn sind bestimmte Gebiete bekannt, die bei den sinnlichen Wahrnehmungen, andere, die bei höheren seelischen Tätigkeiten, z. B. bei der Sprache, besonders stark mitbeteiligt sind.

[1] Fröbes 2, 394.

Das Ich ist ein lebender Organismus. Wenn man Leben beobachtet, erkennt man als dessen wesentliche Merkmale Selbsterhaltung und Selbstentfaltung. Die seelischen Erscheinungen stehen im Dienste des Lebens. Es ist daher verständlich, daß der erste Anstoß dafür, daß Bewußtsein entsteht eine Störung, ein Reiz, auf den reagiert wird, ist. Die Grundlage des Bewußtseins bilden die Sinnesorgane, die die Störung melden. Es ist selbstverständlich, daß für den Psychologen die genaue Kenntnis des Aufbaues und der Funktionen der peripheren Sinnesorgane wie der Zentralorgane und Nervenleitungen unumgänglich notwendig ist. Es ist aber nicht möglich im Rahmen dieser Arbeit eine Beschreibung der Organe zu geben. Organe, die Reize empfangen können, besitzen „Reizhunger", wie man bes. an Kindern sehen kann, die alles befühlen wollen, gerne Lärm hören und grelle Farben bevorzugen[1].

Es gibt äußere und innere Reize. Die letzteren entstehen im Inneren des Körpers, durch wechselnden Blutdruck, Veränderungen in der Atmung und Herztätigkeit, durch innere Sekretion der Drüsen u. a. Bisher kennt man die äußeren Reize und ihre Wirkungen besser als die inneren. Jeder Reiz muß eine bestimmte Stärke haben, die sog. Reizschwelle übersteigen, um aufgefaßt werden zu können. Die Reizschwelle ist sehr veränderlich. Teilweise unbekannte Bedingungen bewirken, daß sie mitunter höher liegt. Diese Bedingungen meint man, wenn man sagt, man sei unaufgelegt, schlecht disponiert. Andere Umstände bewirken, daß die Reizschwelle niedriger liegt, daß man feiner wahrnimmt, z. B. Übung.

Jedes Sinnesorgan kann seelisch nur auf eine Weise reagieren. Das Auge z. B. antwortet auf verschiedene Reize, Licht, Schlag, elektrische Reize immer durch Lichtempfindungen. Diese Erscheinung nennt man das Gesetz der spezifischen Sinnesenergie. Doch wird diese scheinbar strenge Scheidung der Sinnesgebiete überbrückt durch andere Tatsachen. Bei der Besprechung der Wahrnehmungen wird es klar werden, wie die verschiedenen Sinne zusammenarbeiten, besonders bei der Wahrnehmung von Raum und Zeit tritt das deutlich hervor. Es besteht auch eine Art Verwandtschaft zwischen den

[1] Müller-Freienfels 2, 8ff.

Sinnesgebieten, so daß Erlebnisse auf dem einen Gebiet gleichzeitig solche auf einem anderen Sinnesgebiet hervorrufen. Am bekanntesten ist das Farbenhören. Besonders deutlich wird das Zusammenspiel der Sinne dann, wenn ein Sinnesorgan aus irgendeinem Grunde ausgeschaltet ist und ein anderes Sinnesorgan vertretend eintreten kann. Im Dunkeln kann man mit Hilfe des Tastsinnes sich zurechtfinden, bei großem Lärm oder verstopften Ohren kann man das Sprechen von den Lippen ablesen. Das Sinnesvikariat ist übbar, eine Tatsache, die große Erfolge bei der Erziehung von Taubblinden und anderen Mindersinnigen möglich gemacht hat.

Aber nicht alle Wirkungen auf die Nerven gelangen ins Bewußtsein. Die sog. amorphen[1] Nervenwirkungen bemerkt man nicht, sie beeinflussen aber doch den seelischen Zustand. Besteigt man z. B. einen hohen Berg, so wirkt u. a. der veränderte Luftdruck auf die Nerven, ohne daß man ein klares Bewußtsein davon hat, aber man merkt, daß man sich anders fühlt und bewegt als im Tal.

Vor allem die sogenannten Reflex- oder automatischen Bewegungen kommen durch Nervenwirkungen, ohne daß die Hirnrinde mitwirkt, also unbewußt, zustande.

Es ist nötig über die Begriffe bewußt und unbewußt im Klaren zu sein. Setzt man den Begriff Seelenleben den Bewußtseinserscheinungen gleich, wie es z. T. geschieht, so würde das unbewußte Seelenleben nicht mit zur Betrachtung gehören. Das unbewußte Seelenleben wird aber durch verschiedene Tatsachen bewiesen. Man unterscheidet zur Klarlegung dieses Sachverhaltes psychonome und apsychonome Faktoren. Ein psychonomer Faktor ist ein Tatbestand, der zu einem seelischen Gesetz gehört, und außerhalb seelischer Erscheinungen keine Eigenart besitzt. Zu den psychonomen Faktoren gehören alle Tatbestände des bewußten Seelenlebens und außerdem unbewußte Faktoren. Apsychonome Faktoren sind solche, die nur unter besonderen Umständen auf die seelische Gesetzmäßigkeit einwirken z. B. gewisse Stoffe wie Morphin, Kokain usw.[2]

[1] Aall, Psykologi 51. [2] Ach, ZPs. 129, 223—245.

Neben den Sinnesorganen mit Reizhunger besitzt das Ich Anlagen für Betätigung, Bewegung, Bereitschaft zu reagieren. Dieser Tätigkeitsdrang wirkt in Wechselbeziehung zu der gefühlsmäßigen Gesamthaltung als Aufmerksamkeit auswählend. Ist man unaufmerksam, so kann ein Reiz oder Eindruck unbemerkt vorübergehen.

In diesem kurzen Überblick über einige Grundbegriffe der Psychologie wurden die wichtigsten Voraussetzungen für das Zustandekommen der Wahrnehmung genannt: 1. Ein Reiz von mindestens Schwellenstärke, 2. ein Sinnesorgan auf den betreffenden Reiz abgestimmt mit dazugehöriger Nervenleitung und 3. Zulassung ins Bewußtsein[1].

[1] Häußler-Rebl 41.

III. Wahrnehmung

Die Gesamtreaktion bei der Wahrnehmung hat die Eigenschaft, daß sie den Reiz als außerhalb des Ich erkennt, also das Ich von der Außenwelt scheidet. Man beobachte die Art wie Kinder reagieren: Sie erstreben etwas Begehrenswertes, Eßbares, wobei aber oft etwas Ungenießbares zum Mund geführt wird, oder greifen nach gefährlichen Dingen, Feuer, Glasscherben, einer heißen, blanken Kaffeekanne; man sieht dann, daß nicht nach Einzelheiten, sondern nach einer allgemeinen Reaktion wahrgenommen wird. Auch wenn die motorische Reaktion, das Greifmoment zurücktritt, bleibt diese Art des Reagierens erkennbar. Die Beispiele zeigen weiter, daß zunächst nicht nach objektiven Merkmalen, sondern auf Grund persönlicher Einstellungen, Wünsche wahrgenommen wird[1]. Erwartet man jemanden, kann man leicht einen im Winde sich biegenden Busch für eine menschliche Gestalt ansehen, was nicht möglich wäre, wenn man alle Einzelheiten erfaßte und aus den Einzelheiten das Bild zusammensetzte. Ebenso ist die Angst daran schuld, wenn man nach einer langen Wanderung im Wald allerlei Gestalten wahrzunehmen meint, während es sich bei bewußtem Hinwenden zu Einzelheiten zeigt, daß es sich um einen auffallend geformten Baumstumpf handelte. Wenn der Erlebende ein erwachsener Mensch ist, so gehört zu den die Wahrnehmung bestimmenden Faktoren auch sein gesamtes Wissen und seine früheren Erfahrungen. Das Wissen könnte bei dem letzten Beispiel regulierend wirken, dem arbeitet aber vielleicht ein Gefühl des Unheimlichen, früher Erlebtes oder Gehörtes entgegen.

Die „einfache" Wahrnehmung ist, wie man aus dieser ersten Umschreibung sieht — und später wird das noch deutlicher werden — ein zusammengesetzter, komplexer Vorgang. Schon aus diesem Grunde, um das gleich hier zu sagen,

[1] Müller-Freienfels, 2, 8ff.

besagt der in der Volkskunde gebräuchliche Ausdruck komplexes Denken nur eine Selbstverständlichkeit, man kennt überhaupt nur komplexe Seelenvorgänge, worüber allerdings die Fachausdrücke besonders der älteren Psychologie täuschen können, die z. B. von Elementen des Seelenlebens spricht. Aber wenn man das Denken der Naturvölker oder des Kindes im Gegensatz zum (also nicht komplexen) Denken des erwachsenen Kulturmenschen setzt, so ist das falsch. Was psychologisch falsch ist, kann wohl auch volkskundlich nicht richtig sein.

In der Wahrnehmung liegt bereits ein auswählender Akt aus der Fülle des Gegebenen, eine Erfassung eines sinnhaften Ganzen, eine motorische Reaktion, bei dem Wille und Gefühl mitbeteiligt sind. Hiermit ist gegeben, daß jeder Mensch zunächst auf besondere Weise wahrnimmt. Der Unterschied kann groß sein, kommt aber im Alltag (anders im psychologischen Experiment) oft nicht zum Ausdruck, da die Sprache mit ihren festen überindividuellen Formen ausgleichend wirkt. Dazu kommt auch die ausgleichende Macht der Erziehung und Gewohnheit. Aber trotzdem ist sozusagen die Mischung der Seelenkräfte beim Wahrnehmen so weit verschieden, daß man auf Grund dieser Mischung psychologische Typen aufstellen konnte (Jaensch, Grundformen). Alle Seelenkräfte arbeiten in besonderer Harmonie bei dem integrierten Typus (J^1) zusammen; ein Ausspruch Goethes kann als klassische Charakteristik dieses Typus gelten: „Das bloße Anschauen einer Sache kann uns nicht fördern, jede Anschauung geht über in Betrachtung, das Betrachten in ein Sinnen, jedes Sinnen in ein Verknüpfen und so kann man sagen, daß wir schon bei jedem aufmerksamen Blick in die Welt theoretisieren". Weiter sagt Goethe über sein Denkvermögen: „... Daß mein Denken sich von den Gegenständen nicht sondere ..., daß mein Anschauen selbst ein Denken, mein Denken ein Anschauen sei[1]". Für den Volkskundeforscher besagt dies folgendes: Durch die Gesamtbeteiligung aller Seelenkräfte am Wahrnehmungsakt, kann schon bei diesem sogenannten Element des Seelenlebens die Überlieferung mitwirken.

[1] Jaensch, Grundformen 262. Die Typen werden unten S. 47 f. besprochen.

Was für den Nichtpsychologen bei der Zergliederung der Wahrnehmung wohl besonders auffallend ist, ist die Tatsache, daß demselben Reize **nicht** immer ein und dieselbe Empfindung entspricht. Was zur Wahrnehmung wird, sind verarbeitete, veränderte Reize. Am deutlichsten wird das bei der Wahrnehmung durch das Auge verständlich.

1. Sehen und die eidetische Anlage

Das Auge ist nicht nur Aufnahme- oder Leitungsorgan, sondern es ist ein Gehirnorgan[1]. Bei den Wirbeltieren entwickelt sich das Auge aus der Gehirnanlage, die erste Grundlage, die primären Augengrübchen entstehen schon in den ersten Stufen des Daseins im Fötalleben, während die Augen aller anderen Tiere aus der die Körperoberfläche überziehenden Epidermis entstehen. Nur die Linse im Auge der Wirbeltiere nimmt ihren Ursprung aus der Epidermis.

Daß nun das Gehirnorgan Auge Reize in der Wahrnehmung verarbeitet, läßt sich auf experimentellem Weg zeigen. Vorgreifend sei erwähnt, daß man sogar beim physiologischen Nachbild bei Eidetikern einen rein psychischen Faktor nachweisen kann, oder anders ausgedrückt, schon das physiologische Nachbild tritt bei den Eidetikern psychisch bearbeitet auf. Die Wahrnehmung ist daher bis zu einem gewissen Grade plastisch und labil. Das soll nun klargelegt werden. In den letzten Jahrzehnten hat E. **Jaensch** die sogenannte eidetische Methode ausgebildet, mit deren Hilfe er zeigen kann, daß die Wahrnehmung der Vorstellung strukturmäßig sehr ähnlich ist. Was besagt das nun? Unter Vorstellung versteht man die gedankenmäßige Vergegenwärtigung einer Wahrnehmung. Wenn man einen Gegenstand gesehen hat, so kann man ihn später, ohne ihn zu sehen, „vorstellen". Diese Vorstellung kann mehr oder minder deutlich sein. Genaue Wiedergaben von Wahrnehmungen kann man nur von den sogenannten höheren Sinneseindrücken herstellen, meist sind Vorstellungen im wesentlichen Konstruktionen. Das be-

[1] **Jaensch**, Aufbau I, 460 ff.

deutet hier zunächst soviel, daß, wie schon angedeutet, die eindeutige Zuordnung von Reiz und Empfindung nicht am Anfang steht, sondern ein nie ganz erreichtes Ziel bleibt.

Schon seit längerer Zeit[1] kannte man einen Tatbestand, der seit ungefähr 1900 genauer erforscht wurde und jetzt Eidetik genannt wird, ohne daß man seine selbständige Stellung innerhalb der Funktionen des Auges anerkannt hatte. E. Jaensch hat an Kindern und Jugendlichen beobachtet, daß sie oft die Fähigkeit besitzen, von vorgezeigten Gegenständen gleich oder nach längerer Zeit sogenannte Anschauungsbilder hervorzubringen, die sie wirklich sehen, nicht vorstellen. Die Anschauungsbilder[2] (im folgenden mit AB abgekürzt) nehmen eine Zwischenstellung zwischen Empfindung und Vorstellung ein, sie können mit den physiologischen Nachbildern (NB) verglichen werden, ohne aber mit ihnen identisch zu sein[3]. Das physiologische NB ist eine Tatsache, die jeder kennt: Sieht man z. B. auf eine brennende elektrische Birne und wendet dann den Blick auf etwas Dunkles oder schließt die Augen, so sieht man den Lichtbogen wieder erscheinen. Nachbilder kommen und vergehen abwechselnd eine Weile, verschwinden dann und sind der Einwirkung des Willens entzogen. Die AB können in Grenzfällen bei einigen Menschen am ehesten als gesteigerte Nachbilder, bei anderen als sichtbare Vorstellungen[4] angesehen werden. Die Menschen, die die eidetische Anlage besitzen, zeigen nach W. Jaensch[5] bestimmte somatische Merkmale, die auf eine mögliche Disposition zu bestimmten Krankheitstypen hinweisen, ohne jedoch krank im klinischen Sinne zu sein. Es ist im Gegenteil wichtig zu betonen, daß die Fähigkeit, Anschauungsbilder zu erzeugen als normal besonders bei Kindern und Jugendlichen, etwas seltener bei Erwachsenen angesehen werden muß (W. Jaensch 7, 50).

[1] Vgl. Purkinje, „Das Sehen in subjektiver Hinsicht", 1819. Johannes Müller, „Phantastische Gesichtserscheinungen", 1826. Goethes Äußerungen über den Gegenstand Kroh, ZPs 85, 153ff. W. Jaensch 262ff. [2] Von V. Urbantschitsch wurden diese Erscheinungen subjektive optische Anschauungsbilder genannt. [3] Über den Unterschied zwischen NB und AB Kroh 78ff. [4] Über den Unterschied zwischen AB und VB Kroh 76f. [5] Walter Jaensch, Grundzüge einer Physiologie und Klinik usw.

W. Jaensch (35 ff.) unterscheidet zwei Typen von Merkmalskomplexen, die „T"- und die „B"-Konstitution; doch kommen beide Merkmale meist verbunden bei derselben Person vor, so daß B- und T-Konstitution in einem inneren Zusammenhang zu stehen scheinen.

Die T-Konstitution ist vor allem gekennzeichnet durch galvanische und motorische Übererregbarkeit der peripheren, besonders der motorischen Nerven. Je ausgeprägter die Merkmale der T-Konstitution vorhanden sind, desto schwerer sind die AB durch äußere und innere Einwirkungen, oder Vorstellungen beeinflußbar; in vielen Fällen kann man nach W. Jaensch die AB nicht nur unstörbar, sondern unzerstörbar nennen. Die AB der T-Konstitution liegen den Nachbildern nahe. Diese Verwandtschaft mit den NB zeigt sich auch darin, daß die AB der T-Gruppe dem Träger als etwas Aufgenötigtes, in manchen Fällen lästig Empfundenes erscheinen. W. Jaensch unterscheidet 4 Grade der T-Gruppe: 1. Fälle, die gänzlich in die Breite des Normalen fallen, 2. Fälle mit einzelnen latenten Tetaniezeichen, 3. Fälle von Tetanie (daher T-Typus), 4. Fälle von halluzinatorischer Tetanie. Im letzten Fall werden AB vorübergehend zu Täuschungen über die Wirklichkeit.

Der B-Typus gehört zu einer Konstitution, die dem Symptombild des Basedow (daher B-Typus) nahekommt. Dabei treten u. a. Glanzauge, mehr oder weniger ausgeprägter Blähhals auf. Die Fälle, die klinisch gesehen ganz in die Breite des Normalen fallen, haben durchaus das Übergewicht. Je ausgeprägter der B-Typus ist, um so leichter können die AB durch äußere und innere Einwirkungen, besonders durch Vorstellungen der betreffenden Person beeinflußt und verändert werden. Je ausgeprägter die B-Komponente vorhanden ist, um so leichter können AB durch absichtliches Denken an ein Objekt, d. h. durch willkürliches Vorstellen hervorgebracht werden, während T-Typen eine Vorlage brauchen. Der B-Typus kann auch Bewegungen im AB sehen. Der B-Typus empfindet sein AB als zu seiner Persönlichkeit gehörig, während sie dem ausgeprägten T-Typus als etwas Fremdes erscheinen. Deshalb wollten viele T-Typen, die an AB litten, davon befreit werden, während die B-Typen, die von der therapeutischen Beeinflußbarkeit der Bilder erfuhren, sich fast davor fürchteten, die Bilder zu verlieren (Jaensch, Aufbau, 1, 37 ff.)[1].

Es sei hier eine Bemerkung eingeschoben. Wer Gelegenheit gehabt hat, auch wenn er selbst aus eigener Erfahrung keine AB kennen sollte, Eidetiker zu beobachten, kann nicht an der Tatsache zweifeln, daß AB wirklich gesehen werden. Der freudige Eifer der Vp., der gespannte Gesichtsausdruck, Ausrufe wie: jetzt kommt viel mehr, nein wie deutlich, wie schön und stark diese Farben sind, sie leuchten sozusagen von innen heraus (letzteres sehr oft), dann die genauen Messungen auf dem Projektionsschirm, wobei sich die Vp. nicht zufrieden geben bis der Zirkel genau eingestellt ist, oder die Angabe, jetzt sehe ich die Umrisse nicht klar genug zum messen, können Zweifel nicht aufkommen lassen. Auch hat man genügend Versuche mit dem NB, bei denen man die Angaben der Vp. kontrollieren kann, bevor man zu AB übergeht[2].

Die Fähigkeit zu optischen AB scheint im jugendlichen Alter sehr weit verbreitet zu sein. Mit zunehmendem Alter geht diese Fähigkeit bei den meisten Menschen zurück, es gibt aber auch bleibende Eidetiker. Bei abnehmender Eidetik kann oft noch Gestalt, nicht mehr Farbe oder Dreidimensionalität gesehen werden[3]. Bei der Rückbildung der eidetischen Fähigkeit scheint auch die Möglichkeit zu bestehen, daß seelische Widerstände der betreffenden Person mitwirken. Schmeïng erwähnt einen derartigen Fall. Auch meine Vp. A. A. erzählt, sie habe sich früher bemüht, die Bilder zu unterdrücken, weil sie die Sache nicht für recht hielt, und sie seien auch seltener geworden. Aber auch der umgekehrte Fall scheint möglich zu sein. Kroh berichtet von einem Knaben,

[1] Übersieht man die Literatur über eidetische Erscheinungen, so hat man den Eindruck, daß bisher häufiger reine B-Typen gefunden worden sind (vgl. z. B. Hans Zemann, ZPs. 96, 266 ff.). Unter meinen Vp. fand ich nur bei den schwachen Eidetikern ausgeprägte T-Züge. Über die somatischen Merkmale der Vp. kann ich als Nichtmediziner nichts aussagen. Ich kann aber nicht unterlassen anzudeuten, daß nach meiner in dieser Hinsicht völlig laienhaften Beobachtung die somatischen Merkmale (Glanzaugen und Blähhals) mit dem eidetischen Befund nicht übereinstimmen. Vgl. auch ZaPs. Beiheft 13, E. Liefmann 194 f. [2] Vgl. Fritz Roeßler, ZaPs. Beiheft 13, H. 41—44, 221 ff. [3] Schmeïng, ZPs. 139, 266.

der immer das sah, was er nicht sehen wollte[1]. Bezeichnenderweise sind gerade viele Dichter, Eidetiker, vor allem Goethe, dann Tieck, E. T. A. Hoffmann, Otto Ludwig, Scheffel[2], Frensen[3]. Ich fand auch ganz eindeutige Äußerungen bei Tolstoi, die zeigen, daß er Eidetiker war. In den „Lebensstufen" (Kindheit) 1, 148 erzählt er: „Ich stellte mir lebhaft ihr Gesichtchen vor, zog die Decke über den Kopf. Nachdem ich lange und unverwandt (N.b. Bewegungen und Blinken der Augen stört das AB!) das Futter der Steppdecke angestarrt hatte, sah ich sie so deutlich wie vor einer Stunde ... diese Phantasiegebilde waren so deutlich, daß ich vor süßer Erregung nicht einschlafen konnte." In der Novelle „Eheglück" S. 25: „Ich blickte abermals in den Garten hinunter und in dem feuchten Nebelschleier, in dem die Töne der Nacht verschwammen, hörte und sah ich noch lange alles, was ich gerne hören und sehen wollte." Auch bedeutende Gelehrte wie Johannes Müller, Georg Elias Müller, A. Riehl und viele andere waren Eidetiker. Die eidetische Begabung kommt bei allen Intelligenzgraden vor[4].

Oft wird bei erwachsenen Eidetikern die Neigung zum Märchenerzählen gefunden (Jaensch, Aufbau 181).

Hunger (Kroh 66) und Fasten, Ermüdung (Übermüdung, Kroh 114) und Alkohol befördern die Erzeugung von AB (W. Jaensch 268, 423). Unwillkürlich denkt man an andere z. T. narkotische Tränke: „Du siehst, mit diesem Trank im Leibe, bald Helenen in jedem Weibe." Eine Droge hergestellt aus einer nordamerikanischen Kakteenart, Anhalonium Lewinii, bewirkt auch bei Nichteidetikern (W. Jaensch 420) AB. Dieselbe Droge wird von Eingeborenen Nordamerikas als Rauschmittel zu Kultzwecken, zur Hervorbringung von Göttererscheinungen gebraucht. Auch andere Ausnahmszustände steigern eidetische Fähigkeiten. Das konnte W. Jaensch bei schwangeren Frauen feststellen. In dieser Tatsache scheint der Grund und die Berechtigung der Volksmeinung zu liegen, daß in manchen Gegenden das

[1] Ebd. 269. [2] Kroh, Eidetiker unter deutschen Dichtern, ZPs. 85, 118—162. [3] Schmeing a. a. O. [4] Bonte, Die personale Bedeutung der eidetischen Anlage, ZaPs. Beiheft 13. F. H. 41—44, Roeßler, Verbreitung und Erscheinung subjektiver optischer AB ebd. 352.

subjektive Sehen von Früchten als Zeichen der Schwangerschaft gilt (W. Jaensch 420, Kroh 127).

Alle diese Tatsachen sind für die Volkskunde von größter Wichtigkeit. Welche Aufgabe erwächst daraus, die Überlieferungen daraufhin zu untersuchen, wieweit sie auf eidetisches Sehen zurückgehen! Wie anders wird dann all das „Zeug", das die Menschen erlebt haben wollen, für die allgemeine Auffassung aussehen[1]. E. Jaensch berichtet folgendes von einem Vater, der selbst Eidetiker ist. Er sagte zu seinem Jungen, der auswärts zur Schule mußte: „Wenn Du in Marburg Sehnsucht nach Hause hast, mußt Du ein grünes Blatt nehmen, fest daraufblicken und an unser Försterhaus denken, Du wirst es dann sehen." Wie eng verwandt ist dieser einfache und sicher wirkungsvolle Rat mit der Übung, die man als Kristallsehen, Kristallvision bezeichnet (vgl. Kristallomanthie HdA). Man denke an den Bergspiegel der Venedigermännle und an Spiegelweissagungen, die Kristallschau (Grimm, DS 1, 124 Nr. 119). An Stelle des Spiegels oder blauen Steines kann ein Gefäß mit Wasser treten, worin z. B. eine kluge Frau in Nordland in Norwegen das Nötige sieht. Eine Art Kristallvision teilt auch Schmeing von einer seiner Vp. mit (ZPs. 139, 265).

Ich selbst bin erst durch folgendes Erlebnis auf die Wichtigkeit der eidetischen Erscheinungen für die Volkskunde aufmerksam geworden. Nach längerem Beerenpflücken hatte ich tagelang, dann langsam abnehmend, dauernde in natürlichen Farben, aber noch farbenprächtiger leuchtende AB der Beeren und des umgebenden Waldbodens, sobald ich die Augen schloß. Das ist eine Erscheinung des sogenannten Sinnengedächtnisses (vgl. Kroh 82ff.).

[1] Mit der rechten Einstellung beurteilt Peuckert die Erlebnisse von denen er S. 3 in seiner schlesischen Volkskunde berichtet: „Ich glaube fest daran, daß unsere Leute die Wahrheit berichten, wenn sie erzählen, sie hätten da oder dort einen Spuk gesehen.... Denn irgendwie muß es im Blute (eher in der konstitutionellen Art wahrzunehmen!) liegen; wie wäre es sonst möglich, daß heut, wo wir's so herrlich weit gebracht, noch immer solche Dinge gesehen werden". Diese Überzeugung hatte ich seit langem und habe daher schon früher nach dem Erlebniskern von Überlieferungen gesucht (vgl. Jünglingsweihen, Einleitung). Je tiefer ich dabei zu dringen versuchte, desto unabweisbarer schien es mir, mich mit den Erkenntnissen der allgemeinen Psychologie vertraut zu machen.

Einige Male habe ich sogar an Stellen große schöne Preißelbeeren „hingesehen", wo nicht einmal Preißelbeerpflanzen, sondern nur graues dürres Moos war. Ich merkte es erst als ich die vermeintlichen Beeren pflücken wollte und war das erstemal sehr überrascht über die Täuschung. Sofort fiel mir die Verwandtschaft des Erlebnisses mit zwei Volkssagen auf: Ein Mann, der am Sonntag Nüsse pflücken will, sieht einen übervollen Nußbaum, aber wie er mit dem Pflücken beginnen will, ist nichts mehr da, keine einzige Nuß auf dem Baum. Oder: Die Waldfrau „verblendet" den einsamen Beerenpflücker, so daß er Birkenlaub statt Erdbeeren sammelt (Granberg 93). In der Fähigkeit AB zu erzeugen, liegt sicher z. T. der Schlüssel für das zähe Weiterleben des Glaubens an die Unterirdischen und die vielen immer wieder auftauchenden Aussagen von Augenzeugen[1]. Vp. A. A. aus Nordland kennt viele Leute, die Unterirdische mit eigenen Augen gesehen haben und erzählt von einer Höhle mit einem großen und kleineren Steinen, wie Tisch und Stühle, wo man besonders oft Unterirdische sehen kann.

Mit diesen Beispielen ist das für uns vielleicht wichtigste Kapitel der eidetischen Erscheinungen berührt: Die spontanen AB. AB sind spontan, wenn sie ohne Betrachtung einer Vorlage auftreten. Spontane AB haben ihren Grund in der seelischen Aktivität des eidetischen Individuums. Jaensch hat bei seinen Versuchen mehrere Beispiele protokolliert, wonach die AB Wirklichkeitscharakter hatten und zwar so, daß sie in die Landschaft hineingesehen wurden, also zugleich mit Wahrnehmungen wirklicher Objekte gesehen wurden. Oder so, daß das AB die wirklichen Objekte überdeckt. Derartige Erlebnisse sind bei starken Eidetikern durchaus normal, wenn auch nicht häufig. Neben der seelischen Aktivität kann auch ein seelischer Erregungszustand die Ursache des spontanen AB sein. Ich nenne einige Beispiele derartiger eidetischer Erlebnisse. Eine mir sehr gut bekannte Dame[2]

[1] Die norwegischen landschaftlichen historischen Zeitschriften und die Veröffentlichungen von Norsk Folkeminnelag bringen immer wieder derartige Berichte. [2] Dieses nun schon 40 Jahre zurückliegende Ereignis, das ich aus Erzählungen und dem Tagebuch der seit längerem Verstorbenen kenne, würde ich nicht anführen, wenn ich nicht wüßte, daß ihre

kam nach langer Abwesenheit in ihre Heimatstadt zurück, in freudiger Erwartung ging sie zum Hause lieber Verwandter. An der Treppe kam ihr der Hund Leo entgegen und sprang freudig an ihr empor. Sie war erfreut und gerührt, daß das gute Tier sie wiedererkannte, schob es dann zur Seite und ging hinauf. Nach der Begrüßung sagte sie: Und der Leo hat mich auch gleich gekannt und sich so gefreut. Es wurde ganz still und alle starrten sie verwundert an. Jemand sagte: Der Hund ist schon seit 2 Jahren tot. Meine Vp. G. H., stark eidetisch B-Typus, erzählte mir während eines Vers. folgendes: Im vorigen Sommer (1935) war sie mit ihrer kleinen Schülerin wochenlang allein auf einer kleinen Insel in der Nähe der schwedischen Küste. Eines Abends, als das Kind und die Fischersleute, übrigens die einzigen Bewohner der Insel, schon im Bett waren, fühlte sie sich sehr bedrückt von der Einsamkeit und Abgeschlossenheit. Da sie auch das Motorboot nicht in Gang bringen konnte, beschloß sie wenigstens etwas hinauszuschwimmen, es war $^{1}/_{2}$12 Uhr abends. Nachdem sie ein Stück hinausgeschwommen war, sah sie sich um und sah zu ihrem Entsetzen hinter jedem Stein und Busch einen Kobold hervorsehen. Obwohl sie sich gleich sagte, das ist nichts, das sehe ich nur so (es handelt sich also um eine im Wahrnehmungsraum lokalisierte Pseudohalluzination)[1], so eilte sie aus dem Wasser und stürzte in namenloser Angst ins Haus, schloß hinter sich ab, sich immer vorsagend, es ist ja nichts. Den schwedischen Volksglauben, man solle nach Sonnenuntergang nicht baden, kannte sie nicht. Jaensch (Grundformen 119) erzählt von einer Vp.: Ist X erregt und geht im Freien, so sieht er oft feindliche Gestalten aus dem Gebüsch und den Sträuchern auftauchen. Es sind Wesen überirdischer Natur, die feindlich in seine Welt eingreifen. Jaensch erläutert u. a. die Gestalt des Rübezahl unter eidetischem Gesichtspunkt durch „Hineinsehen" von Gestalten in Naturerscheinungen, Wolken, Felsblöcke, Bäume. Rübezahl wird vom einsamen Wanderer als Mann gesehen, dessen Kleidung

Schwester ähnliche Erlebnisse kennt und ihre Tochter Synästhetiker ist. Ihre Art zu erzählen deutete ebenfalls daraufhin, daß sie Eidetiker war.

[1] Über Halluzinationen s. u. S. 44.

sich kaum von einem moosbedeckten Baumstamm unterscheidet (Aufbau 1, 223f.). Ein Erlebnis eines hochgradigen Eidetikers sei hier wortgetreu nach Jaensch mitgeteilt: „Besonders wirklichkeitsgetreu, sagt Dr. Ennen, sind die in Naturgebilden erscheinenden Gestalten, wenn er erregter Stimmung ist. So erinnert er sich deutlich, wie er einst beim Durchschreiten eines Waldes in stürmischer Nacht aus einem Strauch heraus eine Figur erblickte und zugleich an dieser Stelle im akustischen AB Stimmen hörte, so daß er herantrat, um sich zu überzeugen, was es sei". Man kann sich denken, was aus diesem Erlebnis, wenn es von einem in der Volksüberlieferung aufgewachsenen und darin Verharrten, geworden wäre: Eine jener vielen Sagen über Waldgeister, berichtet von einem Augenzeugen.

Die AB hängen sehr stark von Gefühlen ab (Kroh ZPs 85, 135). Es ist leichter für die Vp., AB von Vorlagen oder Dingen, die ihnen gefallen, die sie interessieren, herzustellen. Immer wieder lassen sich bei den Vp. auswählende Tendenzen (psychische Selektion) nach Wertgesichtspunkten beim Wahrnehmen feststellen. Bilder können festgehalten, gesteigert oder ausgelassen werden (Jaensch, Aufbau 1, 439, 559; Grundformen Kap. 4, 104ff. 165).

Noch zwei weitere Erscheinungen der Eidetik, die besonders im jugendlichen Alter auftreten, sind für die Volkskunde bedeutsam. Es ist bekannt, daß Kinder sehr oft beim Schreibenlernen und später, beim Schreiben plötzlich in Spiegelschrift übergehen, und auch die Spiegelschrift für richtig, d. h. der Vorlage entsprechend, halten. Diese Raumverlagerung, die von Eidetikern unwillkürlich und willkürlich ohne weiteres an AB vorgenommen werden, kann sich auch auf Raumverlagerung wirklicher Gegenstände ausstrecken (Jaensch, Aufbau 1, 166ff.). Im allgemeinen wird die Fähigkeit der Raumverlagerung durch den Einfluß der Erfahrung stark modifiziert. Aber in der Vorstellungswelt des Märchens lebt sie weiter und wird spielerisch betätigt. Nach der Aussage mehrerer Vp. gelingt die Verlagerung von AB am besten, wenn die Vertauschung durch die Luft vorgenommen werden kann. Dem entspricht die Neigung des Märchens den Ortswechsel durch die Luft hindurch erfolgen zu lassen (Jaensch, Aufbau 1, 182).

Die nächste Eigentümlichkeit der räumlichen Wahrnehmung, die die Volkskunde besonders angeht, ist folgende: Gegenstände und Personen, die sich entfernen, werden zuweilen größer (Jaensch, Aufbau 1, 321 ff.). Auf experimentellem Wege läßt sich zeigen, daß diese Erscheinung auf einer Verhaltungsweise der optischen Aufmerksamkeit beruht. Heinrich L. sieht oft Radfahrer, vorbeifahrende Wagen, Automobile, denen er nachschaut, ins Riesenhafte anwachsen. Plötzlich verschwand die Erscheinung der Vergrößerung und die Gegenstände wurden wieder in ihrer natürlichen Größe gesehen. Derselbe Vorgang wiederholt sich gelegentlich in gleicher Weise zwei- oder dreimal. Jaensch teilt viele derartige Beispiele bei Kindern mit. Aber auch bei erwachsenen Eidetikern kann man Makropsien beobachten (Jaensch, Grundformen 158; Kroh 126). Meine Vp. G. H. sah die Augen der beiden Pferde (3. Bild der Vers.-reihe) so stark anwachsen, daß sie lachend aufschrie: „Pfui wie scheußlich." Meine Vp. G. H. sah das AB der Müller-Lyerschen Figur mit den nach außen gerichteten Pfeilen beim Einatmen sich bedeutend ausdehnen, beim Ausatmen wieder sich zusammenziehen: „genau wie ein Gummiband". Verschiedene andere Vers. z. B. gerade an den Müller-Lyerschen oder Bardorffschen Figuren[1] zeigen, daß die großen Veränderungen, die ausgeprägte Eidetiker mit Figuren und Bildern vornehmen können, auch als „Kraft", die den Figuren oder Bildern innewohnt[2] erlebt werden. Diese Seite der Erscheinung pflegt man auch als Beseelung zu bezeichnen (Jaensch, Grundformen 159 f.).

Mit diesen Tatsachen haben sicherlich folgende Sagenzüge zu tun. Der Schluß der Sage „Der einkehrende Zwerg" (Grimm, DS 1, 58 Nr. 45) lautet: Aber das Zwerglein schwoll immer größer und höher, ward zu einem ungeheueren Riesen und zerfloß in die Luft. . . ." In Dänemark und Schweden

[1] Jaensch, Grundformen 142 ff., 163 und Vers. über die Begriffsbildung und anschauliches Denken, Aufbau 2. Bd. [2] Viele Eidetiker, auch zwei meiner Vp., ich selbst erlebe es, daß sich ein AB sozusagen von innen heraus allmählich bildet, sich um einen Kern kristallisiert. Vgl. Schmeing, ZPs. 139, 265. Oft bleibt meinen AB eine Art kochende Bewegung. Vgl. das von Kroh 71 erwähnte Zittern des AB, was auch bewirkt, daß es nicht als Wahrnehmung angesehen wird (ebd.).

erzählt man von den Waldgeistern, daß sie zu wachsen beginnen, bis sie so groß wie die hohen Bäume sind (Granberg 7, 16, 95ff.). Schon Caesarius von Heisterbach erzählt im Anfang des 13. Jahrh. (Dial. mirac. D. V. c. 55): Der Pfarrer von Rode bei Köln ging durch den Wald, da erfaßte ihn große Angst. Er sah einen häßlichen langen Mann an einen Baum gelehnt, und je länger er ihn ansah, desto größer wurde er bis er die höchsten Bäume überragte (Mannhardt 1, 127). Diese großen Gestalten können auch wieder einschrumpfen und verschwinden. Auch sonst kommt das Anwachsen von Gestalten in Sagen vor[1], und im Traume erlebt man ähnliches (A. Aall).
Bei erwachsenen Eidetikern können Gegenstände, die mit affektiver Betonung wahrgenommen werden, subjektive Vergrößerung erfahren[2]. Es handelt sich hier wiederum um völlig normale Vp.[3], Makropsie kommt aber auch bei Epileptikern mit tetanoider Konstition vor. Andere Verf. zeigen, daß bei Aufmerksamkeitswanderungen, beim Beobachten zweier verschiedener Gestalten eine weitgehende Angleichungserscheinung besonders bei Jugendlichen eintritt (Jaensch, Aufbau 1, 353).

Auffällig kleine Gestalten (neben Fratzen und Masken, sehr verwickelten farbigen Teppich- und Tapetenmustern) werden häufig im Schlummerbild im subjektiven Augengrau gesehen (vgl. Kroh 89ff.). (Ich kann diese Schlummerbilder gelegentlich auch projizieren, d. h. mit offenen Augen im dunklen Wahrnehmungsraum vor mir sehen.)

Vp. N. L., Synästhetiker, früher stark eidetisch, erzählte mir, daß er sich als Kind sehr gefürchtet habe durch den Wald zu gehen; er sah nämlich wie sich die Bäume, wie um ihn zu zerdrücken, niederbeugten und er kaum hindurchkriechen konnte. Eine Vp. bei Jaensch (Grundformen 220) erzählt von sich: Wenn ich bedrückt bin, habe ich das Gefühl, als ob die Bäume in unserer Allee herunterdrückten, als wäre es ein niedriger Laubgang. Eine andere

[1] Z. B. bei Jonas Lie, Den Fremsynte 67, Tremasteren Fremtid 221. W. E. Peuckert, Schlesische Sagen 163. [2] Jaensch, Aufbau 1, 348f. Vgl. auch Fritz Kranz, Experimentell-strukturpsychologische Untersuchungen über die Abhängigkeit der Wahrnehmungswelt vom Persönlichkeitstypus. ZPs. Ergänzungsband 16 (1930), 105ff. [3] Aufbau 1, 349. Vgl. Liefmann 148, Bonte 33.

Vp. hat bei Erregung den Eindruck, daß die Häuser sich über die Straße zusammenneigen. Auch diesen eidetischen Zug findet man in den Sagen über die Waldgeister vertreten: Auf das Jammergeschrei der geschädigten Waldfrau erbebt der Wald und die Baumwipfel bogen sich über ihr zusammen (Mannhardt 1, 133).

Bleibt man einmal bei den Volkssagen über Waldgeister — wir besitzen eine ausgezeichnete Monographie über die skandinavischen Waldgeister von Granberg —, so findet man noch mehr Züge, die sich nur eidetisch verstehen lassen. Schon erwähnt wurde die eidetische Erscheinung, Beeren in den Waldboden hineinzusehen. Es gehört mit zu den Eigenschaften der Waldfrau, daß sie die einsamen Wanderer verblendet, z. B. Birkenlaub für Erdbeeren sammeln läßt (Granberg 93). Wahrscheinlich läßt sich der Gestaltwechsel der Waldfrau, besonders, daß sie die Gestalt der Frau oder Braut des Jägers anzunehmen pflegt (Granberg 93), am ehesten als eidetisches Erlebnis (psychische Selektion) verstehen; man denke an die Eidetiker (z. B. Vp. G. H. und A. A. und Kinder), die sehen können, „was sie wollen". Es handelt sich bei diesen Zügen der Überlieferung über die Waldfrau bei Männern, und männlichen Waldgeistern bei Frauen, um erotische Wachträume. Die Studenten und Studentinnen unter den Vpn. von Jaensch pflegten auf die Frage, was sie am häufigsten als spontane AB sähen, heftig zu erröten, so daß diese Frage jetzt unterbleibt. Z. T. gehen verschiedene „Nebelsagen" innerhalb der Waldgeisttradition (Granberg 23) auf eidetische Erlebnisse zurück. Der Nebel bildet sozusagen einen günstigen Projektionsschirm, wie in der oben S. 16 zitierten Stelle Tolstois. Meine Vp. G. H. erzählt, sie gehe gerne bei Nebel aus und sehe die verschiedensten Gestalten und Bilder im Nebel. Man hat schon immer bei den sogenannten Nebelsagen mit Halluzinationen und Illusionen gerechnet, allein meist ohne den Begriff genau zu fassen. Man hat sie als etwas Selbstverständliches eingeführt, ohne zu fragen, wieweit Halluzinationen in solcher Häufigkeit normal sein können, kurz ohne die vielen Fragen mit in Betracht zu ziehen, die eine solche Hypothese doch psychologisch und medizinisch in sich birgt.

Anders liegt die Sache, wenn man Beispiele von Eidetikern, die man selbst kennt und geprüft hat, heranziehen kann, obwohl dies methodisch auch noch nicht ganz einwandfrei ist. Alles bisher über die Waldgeister Gesagte müßte zunächst nur als Versuch einer psychologischen Durchdringung anzusehen sein, wenn man hier nicht doch einen indirekten Beweis wird wagen dürfen. Es sind nämlich zu viele Züge, die sich am ungezwungensten eidetisch erklären lassen, als daß man hier an zufällige Ähnlichkeiten glauben könnte. Ich kann hier nicht das ganze Material vorführen, das muß einer besonderen Untersuchung vorbehalten bleiben. Wissenschaftlich gesichert wäre die Grundlage erst dann, wenn man die „Augenzeugen" solcher Erlebnisse als Eidetiker erweisen könnte. Diese Methode ist in der Arbeit Schmeïngs, auf die ich gleich näher eingehen werde, befolgt, und diese Arbeit kann als wegweisend für derartige wissenschaftliche Untersuchungen gelten.

Während der Ausarbeitung dieser Abschnitte erschien die ebenerwähnte, wichtige Abhandlung von Schmeïng, die auf Grund von eidetischen Versuchen eine Erscheinung des Volkslebens und -glaubens in neues wissenschaftliches Licht rückt: Eidetische Studien zum Problem des zweiten Gesichtes (ZPs. 139, H. 4—6, 1936). Methodisch wichtig ist die Feststellung Schmeïngs, daß die mündliche Überlieferung über die Erscheinung in ihrer auf Wirkung eingestellten Art keine genügende Grundlage für die Erforschung der psychologischen Frage bietet. Erst die experimentelle Nachprüfung läßt mit Sicherheit Schlüsse ziehen. Das Ergebnis der Verf., der mündlichen Mitteilungen der Vorschauer, der Untersuchung der dazugehörigen Überlieferung ist in Kürze folgendes. Das Vorsehen ist an das Sehen gebunden, ein Erblindeter hat keine Vorgesichte mehr (227). Der Vorschauer ist Eidetiker, aber nicht jeder Eidetiker ist Vorschauer (238). Im wesentlichen werden Unglücks-, Todesfälle und Brand, viel seltener neutrale Ereignisse, Eisenbahnbauten usw. vorhergesehen. Hochzeiten werden öfter vorhergesehen, aber auch als unheilsvoll. Die optischen AB überwiegen mit 80%, akustische AB sind mit 15%, AB anderer Sinnesgebiete nur mit 5% vertreten. Im wesentlichen sind es T-Typen, die diese Art Gesichte erleben, oder B-Typen erleben AB mit T-Kennzeichen. Einzelheiten müssen in der Arbeit selbst nachgelesen werden. Hier muß noch eine Feststellung hervorgehoben werden, die der landläufigen Vorstellung von den bleichen bedrückten Spökenkiekern nicht entspricht. Die vor allem durch die Dichterin Droste-Hülshoff in den westfälischen Bildern verbreitete Ansicht, darf jedenfalls nicht verallgemeinert werden. Die von Schmeïng untersuchten Menschen waren durchaus frei von Überspannung, normal und gesund (271—75). Es gibt allerdings auch einen sogenannten eidetischen, etwas gesteigerten Zustand, der der allgemeinen Vorstellung eines seherischen Zustandes entspricht (261). Die Fähigkeit der Vorschau scheint erblich zu sein und ist jetzt stark im Abnehmen. Der Grund wird wohl, wie Schmeïng annimmt, der sein, daß diese Art von Erlebnissen Stille und Einsamkeit voraussetzt, Voraussetzungen, die mehr und mehr, auch in abgelegenen Gegenden, schwinden. Aus den Angaben besonders einer Vp. geht hervor, daß der Inhalt der Gesichte wesentlich durch die Überlieferung, durch Erzählungen über Vorschau und andere Spukgeschichten, die Vp. als Kind gehört, bestimmt wurden. Vp. selbst meint, sie hätte ohne diese Erzählungen wohl keine Gesichte gehabt (244).

Hiermit ist eine wichtige Tatsache berührt, nämlich die starke Beeinflußbarkeit der B-Eidetiker[1]. Für die Volkskunde ist die Beeinflußbarkeit der AB durch die Überlieferung von besonderer Bedeutung. Früher war dieser Einfluß stärker aber er läßt sich doch noch bei zwei von meinen Vp. feststellen.

Eine andere Frage von Bedeutung ist folgende. Auch unter den intellektuell Minderwertigen gibt es sehr starke Eidetiker[2]. Manche Züge der Überlieferung, vielleicht des Hexenwahns, könnten auf Erlebnisse Schwach-

[1] Vp. G. H. wollte von Erlebnissen anderer Eidetiker von mir hören, ich erzählte, manche sehen in bedrückter Stimmung die Bäume oder Häuser sich zusammenbiegen. „Oh weh, rief sie lachend, das wird mir jetzt auch so gehen, ich seh es schon!" [2] M. Zillig (Fortschritte der Psychologie 5, H. 9, 122) kommt zu dem Ergebnis, daß deutliche Beziehungen bestehen zwischen ausgeprägter eidetischer Anlage und Schwachsinn. H. Kirek (Untersuchungen zur Psychologie, Philosophie und Pädagogik 5) und Zemann (ZPs 96 (1925)) meinen dies bestätigen zu können. Andere haben, wie oben S. 16 erwähnt, feststellen können, daß eidetische Fähigkeit auf allen Intelligenzstufen vorkommt.

begabter hinweisen. Es ist diese Frage sicher einer genaueren Untersuchung wert. Starke AB können nämlich bei schwach Begabten unter affektiver Mitbeteiligung samt körperlicher Schmerzempfindung als Wirklichkeit erlebt werden ohne daß nach Bonte von pathologischer Lügenhaftigkeit die Rede ist, eher von einer Übersteigerung normalen eidetischen Verhaltens. Wer einmal Eidetiker beobachtet hat, wird den Eindruck der Glaubhaftigkeit, Genauigkeit, des Eifers, mit der die Erlebnisse geschildert werden, nicht wieder vergessen[1]. Daher stammt auch wohl die Überzeugung so vieler, die nichts von den eidetischen Tatsachen wissen, daß es Menschen gibt, die „mehr sehen" als andere. Ein Zweifeln ist bei einem derartigen Bericht für viele gar nicht möglich, wie wohl alle, die Eidetiker beobachtet haben, voll verstehen können.

Daß Eidetiker oft gute Überlieferungsträger sind, ist sicher. Schon erwähnt wurde ihre Lust und Fähigkeit, Märchen zu erzählen. Auch Vp. G. H. ist eine ausgezeichnete Erzählerin. Bei den Märchen sieht sie immer dieselben Bilder vor sich, von denen sie sie sozusagen abliest. Vp. A. A. aus Nordland gehört unbedingt zu den Menschen, die Überlieferung bewahren und weitergeben. Ob sie auf Grund ihrer hohen eidetischen Fähigkeiten nur andere, die z. B. Unterirdische sehen können, besonders gut versteht, oder ob sie selbst Geister zu sehen glaubt, kann ich nicht entscheiden. Jedenfalls w e i ß sie, daß man sie sehen kann und daß sie existieren. Sie hat mir in vollem Glauben von unseren Nachbarn auf dem Land erzählt, daß sie Warzen wegzaubern können und daß der erwachsene Sohn als Kind „sehend" war und mit Kobolden gespielt habe, und daher, wie sie sagte, ein einsames Kind war.

Ich habe deshalb den jungen Mann, der ein außerordentlich tüchtiger Bauer und Arbeiter ist, untersucht. Seine eidetischen Fähigkeiten sind jetzt sehr schwach (vgl. Anhang 117 f.). Aber er sagte plötzlich zu mir: „Ich wußte schon vorher, daß man solche Bilder sehen kann, das konnte ich sehr gut als Kind". Er konnte sehen, was er wollte. Auf meine Frage, in welchem Alter er am besten „sah", meinte er auf Grund einer bestimmten Erinnerung, mit 11

[1] Vgl. Kroh 63.

Jahren. Er war damals auf einer Alm gewesen und die Sennhütte konnte er zu Hause, wann er wollte, auch mitten am Tage, deutlich vor sich sehen. Seine Mutter erzählte mir noch, daß er als Kind viel „gesehen" habe. Der Vater habe dies als „Phantasien" bezeichnet, sie selbst war immer davon überzeugt, daß er alles, was er ihr im fast dunklen Nebenzimmer liegend erzählte, wirklich sehe. Das konnte man an der ganzen Art merken, und sie erklärte es sich so, daß es ja viele Menschen gäbe, die mehr sehen und hören können als andere. Mit 11 Jahren habe er dann eine Blinddarmoperation durchgemacht und nichts mehr gesehen.

Von dem Spiel des Knaben mit Heinzelmännchen konnte ich, trotz meiner vorsichtigen Fragen, nichts Näheres erfahren, und kann mich nur an das halten, was sie anderen davon erzählten. Es ist dies eine Sache, die man öfter hört. Ich erinnere mich in einer spiritistischen Zeitschrift einen derartigen Bericht gelesen zu haben, sogar eine Photographie der im Walde mit Kindern spielenden Kobolden war dabei. Die Geschichte wurde als Beweis spiritistischer Anschauungen damals auch viel erzählt. Nun hat man schon bei vierjährigen Kindern Dauerphantasien beobachtet, die sich auf eingebildete Geschwister, unsichtbare Geister als Spielkameraden, Helfer, Sündenböcke beziehen (Stern, APf 467). Es ist nun die Frage, wieweit solche Dauerphantasien mit eidetischer Anlage zusammenhängen. Im Falle der Vp. A. H. wird man einen Zusammenhang annehmen dürfen. Es ist dann auch anzunehmen, daß ein fester Zusammenhang zwischen derartigen Erlebnissen und den davon berichtenden Volkssagen besteht. Hinzelmann (Grimm, DS 1, Nr. 96) spielte mit den Kindern und oft ist davon die Rede, daß Kobolde Kindern Geschichten erzählen[1].

Nach E. Jaensch tritt die eidetische Anlage örtlich verschieden stark auf[2]. An manchen Orten gibt es fast keine Eidetiker, während in Marburg a. d. Lahn

[1] Grimm, DS 1, Nr. 96. Zingerle, Tiroler Sagen 59. Sommer, Sagen 26, 27. E. M. Arndt, Märchen und Jugenderinnerungen 1 (2. Ausgabe 1842), 161 f., 163. [2] Der B-Typus deckt sich in ausgeprägten Fällen mit basedowoider Konstitution, die ja in verschiedenen Gegenden sehr verschieden ist, Aufbau 1, 44. Es besteht wohl auch ein rassenmäßiger Unterschied. Jaensch, Eidetik 25 f., vor allem Grundformen 11—48.

viele sind, in Lübeck noch mehr. Während in Wiesbaden unter den Jugendlichen sehr viele Eidetiker sind, findet man im nahen Höchst sehr wenige, wohl aber schwache Reste bei den jungen Altersstufen. Die bei dieser Erscheinung wirksamen Faktoren sind nicht bekannt; Jaensch nimmt einen Zusammenhang zwischen dem Kalkgehalt des Wassers und der eidetischen Anlage an (Aufbau 1, 167 Anm. 3). Dagegen meint Schmeing feststellen zu können, daß Landschaft und Trinkwasser einen nur geringen Einfluß auszuüben scheinen. Es ist eine lockende Aufgabe der Zukunft, das Vorkommen bestimmter Sagentypen mit den Vorkommen eidetischer Anlage zu vergleichen. Vielleicht läßt sich auf diese Weise die geographische Verbreitung mancher Sagentypen verstehen.

Die Fähigkeit vieler Menschen, AB zu erzeugen, hat für die Beurteilung verschiedenster Sagentypen und anderen Erscheinungen des Volksglaubens die größte Bedeutung. Zunächst vor allem dadurch, daß die Überlieferung eidetische Erlebnisse formt und beeinflußt und auf diese Weise immer neue Bestätigung erhält und weiterleben kann. Aber gewisse Grundformen der eidetischen Wahrnehmung wie Vergrößerung, Anwachsen[1], Verengung wird man auch als Ursache der betreffenden Vorstellungen ansehen dürfen. Bei den ausgeprägteren B-Typen können, wie öfter erwähnt wurde, Gefühle und Willen spontane AB hervorrufen, erotische Wachträume das Bild des ersehnten Gegenstandes erzeugen. Wenn man daher davon gesprochen hat, daß Vorstellungen des Volksglaubens die Wünsche und Befürchtungen des Volkes ausdrücken, so hat das wahrscheinlich in Wirklichkeit noch einen prägnanteren Sinn, indem diese Vorstellungen z. T. auf gesehene Wunsch- und Angstbilder zurückgehen. Diese Frage läßt sich nicht so einfach entscheiden und ich gebe hier nur Andeutungen. Man vergleiche aber hierzu die Ergebnisse, zu denen Otto in seinem Werke die Manen ohne Kenntnis der Eidetik gekommen ist; wie er so ausgezeichnet die Hypothese widerlegt, daß das Traumbild die Ursache des Glaubens an das Weiterleben nach dem

[1] Die Frage, ob daher Sydow recht hat, wenn er die Entstehung von Riesensagen ausschließlich der Proportionsphantasie zuschreibt, muß erst noch untersucht werden.

Tode sei (67ff.). Er kommt, gestützt auf mediale Erscheinungen zu dem Schluß: Wir haben in den „Totenerscheinungen" ein Phänomen kennengelernt, das weder von krankhafter Veranlagung, noch von einer Glaubenstradition abhängig ist, und das in allen Ländern, bei Menschen jedes Bildungsgrades und zu allen Zeiten in der gleichen Weise auftritt" (93). Ottos Gedankengang und Beweisführung kommt aber sehr nahe an die von mir angedeutete Auffassung heran. Nach Schmeïng muß man auch bei den sogenannten okkulten Erscheinungen mit eidetischen Zuständen und Erlebnissen rechnen[1].

Der Volkskundeforscher, der dieses wichtige Gebiet bearbeiten will, muß nicht allein die Fachschriften über Eidetik und die Haupttatsachen der allgemeinen Psychologie kennen, sondern er muß sich selbst mit den Erscheinungen durch Versuche vertraut machen. Das ist eine Forderung, die verhältnismäßig leicht durchführbar ist[2], und ohne die man Gefahr läuft, nur neue Fachausdrücke mit volkskundlichem Stoff zu exemplifizieren. Auf derartige allgemeine Erörterungen kommt es jetzt gar nicht mehr an, und noch weniger auf Deutungen, sondern auf gewissenhafte Einzeluntersuchungen, wieweit bestimmte Erscheinungen eidetisch aufgefaßt werden können, wieweit andere seelische oder geschichtlich-soziale Faktoren ausschlaggebend sind.

Wie bei der eidetischen Wahrnehmung ist die Beteiligung des Gefühles bei der gewöhnlichen Wahrnehmung von ausschlaggebender Wichtigkeit. Nur einige Beispiele: Wie verschlossen und fremd kann die vertraute Landschaft am Tage der Abreise sein. Man ist schon eingestellt auf das Reiseziel, die neue Tageseinteilung, neue Arbeit usw. Andererseits legt man leicht seine freudigen erwartungsvollen Gefühle in die Umgebung: Die Sonne scheint dann besonders hell usw. Damit wird wieder der Ausgangspunkt dieses Abschnittes gestreift: Eine völlig eindeutige Zuordnung zwischen Reiz

[1] Gefühl und Wille im eidetischen und okkulten Erleben (Eidetische Aufklärung verschiedener okkulter und anderer Erscheinungen). Bericht über den XV. Kongreß der deutschen Gesellschaft für Psychologie (1937) 196ff. [2] Angaben über Versuchsanordnungen: E. Jaensch, Die Eidetik und die typologischen Forschungsmethoden. W. Jaensch 168ff.

und Empfindung wird nie erreicht. Darauf beruht z. T. die Tatsache, daß Illusionen oder Sinnestäuschungen auf allen Sinnesgebieten häufige normale Erscheinungen sind.

Doch muß noch vorerst auf Wahrnehmungen durch die anderen Sinnesorgane als das Auge eingegangen werden. Diese Besprechung wird kürzer sein, weil, soviel ich sehe, die anderen Sinneseindrücke keine so hervorragende Rolle für die hier in Betracht kommenden Erlebnisse spielen, und auch, weil die optischen Erscheinungen zu den bestuntersuchten gehören.

2. Geräusche, Klangwahrnehmungen

Man ist ununterbrochen von Geräuschen umgeben, Arbeiten, Gehen usw. sind durch bestimmte Geräusche gekennzeichnet. Auch die Sprache ist akustisch gesehen eine Abfolge von Geräuschen. In vielen Geräuschen sind tonale Elemente enthalten. Physikalisch werden Geräusche vornehmlich durch unperiodische Lautschwingungen, Klänge durch periodische Schwingungen erzeugt. Man unterscheidet a) die Höhe eines Tones, b) die Stärke und c) die Klangfarbe, durch die man z. B. einen Flöten- und Violinton gleicher Höhe unterscheidet. Überstarke Töne haben große psychische Wirkungen; so kann Donner den größten Schreck einjagen, auch wenn man weiß, daß der Donner weder schadet noch Gefahr anzeigt (Aall, Psykologi 133). Verschieden hohe, gleichzeitige, konsonante Töne werden als Einheit, Akkorde, auch der einfache Ton wird mit seinen Obertönen als Einheit gehört, aber gleichzeitig können die einzelnen Töne gesondert aufgefaßt werden. Es findet also eine starke seelische Bearbeitung des Reizes beim Hören statt, eine trennende und eine zusammenfassende. E. Jaensch hat durch einen Versuch gezeigt, daß sich das Ohr gegenüber einer zusammengesetzten Sinuskurve in verschiedener Weise verhalten kann und daß es z. T. von zentralen Faktoren abhängt, welche Verhaltungsweise im Einzelfalle eingeschlagen wird[1]. Bei der musikalischen

[1] Untersuchungen zur Tonpsychologie. Bericht des 6. Kongresses f. experimentelle Psychologie 1, 79ff. Das Werk: Untersuchungen zur Grundlegung der Akustik, Leipzig 1929, war mir nicht zugänglich.

Tonwahrnehmung von Konsonanz und Dissonanz spielen die Nachwirkungen früherer Tonerlebnisse eine sehr große Rolle[1].

Man kann Töne länger hören als der Sinneseindruck dauert, die Tonvorstellung wirkt dabei mit. Es gibt aber auch akustische AB, die oft gleichzeitig mit optischen AB auftreten (W. Jaensch 15, E. Jaensch, Grundformen 221, Aufbau 234). Man kann z. B. beim Diktieren das letzte Wort oder mehrere Worte nicht erfaßt haben, weil man mit der Schreibmaschine beschäftigt war, und doch weiterschreiben, weil man die letzten Worte nachhört. Oder man erinnert sich aus der Schulzeit des Erlebnisses, daß man irgend etwas nicht zur Stunde Gehöriges las und aufgerufen wurde. Was habe ich gesagt, fragte der Lehrer, und man konnte die Frage, die man nicht aufgefaßt hatte, wiederholen. Im letzten Fall kann es sich auch um Aufmerksamkeitsteilung handeln. Man hatte eine Art Nebenaufmerksamkeit, die genügte, die Frage noch aufzufassen. Akustische AB scheinen seltener zu sein als optische und weniger untersucht. Sie kommen nicht nur beim musikalisch begabten B-Typus, sondern auch bei Unmusikalischen vor (Jaensch, Grundformen 116f.). Vermutlich lassen sich manche Sagenzüge als Niederschlag akustischer AB erklären, obwohl hier die Nachprüfung und Beurteilung sehr schwierig ist. Ich selbst kenne bei großer Übermüdung akustische AB, z. B. andauerndes vieltöniges Glockengeläute, wie ich es gelegentlich als Kind gehört hatte, wenn alle Glocken Wiens gleichzeitig läuteten, oder deutliches Chorsingen. Das AB konnte willentlich nicht beeinflußt werden, dauerte lange und war sehr lästig. Da sowohl das Glockengeläute wie der Chorgesang in meiner damaligen Lage, mitten im einsamen Gebirge keine objektive Wahrnehmung sein konnte, war auch ein Verwechseln mit objektiver Wahrnehmung ausgeschlossen. Dagegen haben meine Mutter und ich wiederholt in der Nacht den Brunnen vor dem Fenster rauschen hören, obwohl er damals längst nicht mehr vorhanden war. Dieses Brunnenrauschen war uns sehr lieb gewesen. Es ist aber doch möglich, daß dies keine AB, sondern Illusionen (Fehldeutungen anderer Geräusche, fernes Wagenrollen, Wind) waren. Der Grund

[1] Vgl. F. Krueger, Die Theorie der Konsonanz. Psychologische Studien Bd. 1, 2, 4.

dafür, daß es so schwierig ist zu entscheiden, ob es sich um AB oder Fehldeutungen handelt, ist der anfangs erwähnte, daß Geräusche fast nie ganz fehlen. Einen Anhaltspunkt dafür, daß es sich um AB handelt, wird man daran haben, daß gleichzeitig optische AB gesehen werden. Aus Valdres (Norwegen) wird erzählt ein Mann habe in der Nähe einer Sennhütte auf einer abgelegenen Hochebene Kirchenglocken hören und zu Zeiten auch eine Kirche dort sehen können (NF. 36, 110). Auf die vielen Stimmen, Rufe usw., die in den Sagen vorkommen, gehe ich aus den genannten Gründen nicht ein und führe noch eine bestimmte Art von Gehörsillusionen an. Die Mutter der Vp. A. H. erzählte mir, ihre Großmutter habe in ihrer Jugend einmal beim Hüten auf der Alm lange Zeit ganz deutlich einen Unterirdischen Violine spielen hören. Immer wieder mußte sie davon erzählen, „und wenn ich 100 Jahre alt würde, könnte ich diese wunderbare Musik nicht vergessen". Gesehen habe sie nichts. Auch hier ist die Möglichkeit einer Illusion vorhanden, die Erzählerin erwähnte ganz nebenbei einen Bach. Ebenso wie man nämlich mit dem Auge Gestalten auffaßt, Gliederung und Sinn in einen Fleck bringen kann, so gliedert man auch akustische Eindrücke in Rhythmen und Melodien, z. B. das Rauschen des Baches, das Geräusch des fahrenden Zuges und viele Arbeitsgeräusche. Diese Sinngebung wird in vielen Liedern nachgeahmt und spielt z. T. in den Arbeitsrhythmen eine Rolle, obwohl dabei psychologisch etwas anderes ausschlaggebend ist, nämlich die die Handlung fördernde Funktion der Äußerung.

Eine gewisse Bedeutung für die starke psychische Wirkung, die Geräusche besonders in der freien Natur haben können, hat die Tatsache, daß man die Richtung, aus der die Geräusche kommen, nur unvollkommen unterscheiden kann. Es ist dabei leichter von rechts oder links kommende Töne zu bestimmen, als von vorne oder rückwärts (Aall, Psykologi 138).

3. Geruch

Der Geruch, der durch die Nase vermittelt wird, spielt eine wichtige Rolle im Leben der Menschen. Besonders groß ist seine Macht über die Gefühle; gegenüber widerwärtigen Gerüchen kann man sich kaum beherrschen. Diese Erfahrung mag dabei mitgespielt haben, daß man den Dämonen die gleiche Empfindlichkeit zuschrieb und sie durch stark- und übelriechende Pflanzen und Dinge mit Erfolg verscheuchen zu können glaubte. Vor allem dem Lauch wird seit alters diese vertreibende Kraft zugeschrieben. Doch kann man gleich bei diesem Beispiel hinzufügen, daß nicht alle Menschen die gleichen Gefühlsreaktionen bei denselben Gerüchen haben. Vor allem zeigt sich hier ein rassenmäßiger Unterschied. Während die Deutschen Zwiebel nur als würzenden Zusatz genießen, essen Slawen rohe Zwiebeln wie Äpfel. Dagegen geht der für deutschen Geschmack allzu starke Zusatz von Knoblauch jüdischer Gerichte auf den oben erwähnten Glauben, dadurch böse Dämonen zu verscheuchen, zurück. Weitere Unterschiede für rassenmäßige Bevorzugung bestimmter Gerüche: Die Orientalen lieben Baldrian, der den meisten Europäern widerlich ist. Auch haben verschiedene Rassen einen besonderen Körpergeruch. Die Japaner behaupten, daß die Europäer Leichengeruch an sich haben.

Bei einzelnen Menschen ist der Geruchsinn besonders gut ausgebildet. Ich kenne Erwachsene, die jeden Menschen riechen, d. h. am Geruch erkennen können. (Man vergleiche übrigens den österreichischen Ausdruck für nicht leiden können: jemanden nicht riechen [oder schmecken] können.) Kinder vergleichen Dinge und Menschen oft durch den Geruch, wobei es fraglich bleibt, wieweit derartige Beobachtungen der Schärfe des Sinnes oder Aufmerksamkeitseinstellungen zuzuschreiben sind. Die Gewöhnung, Adaptation, spielt beim Geruch eine große Rolle, man kann sich an abstoßende Gerüche gewöhnen, man denke an Arbeiter in Trankochereien, Gerbereien, Seifensiedereien usw. Bei der Geruchsempfindung sind mehrere Sinne beteiligt, z. B. der Haut- und der Drucksinn, man empfindet stechende, schwere Gerüche. Auch der Temperatursinn ist mitbeteiligt. Aus dieser kurzen Beschreibung geht schon hervor, daß man reine Geruchsempfindungen gar nicht antrifft, es sind vor allem Gefühle, die bei den Geruchsempfindungen als ausschlaggebend empfunden werden, m. a. W. Gerüche sind komplexe Erlebnisse (Herrmann, Gesamterlebnisse bei Gerüchen 477 ff.). Eigentliche AB scheinen nach Jaensch selten vorzukommen (Grundformen 117, Kroh 150), desto stärker können Illusionen auftreten, man denke an die Wohlgerüche von Märtyrer- und Heiligengräbern (s. u. 43 f.).

Außerordentlich groß ist der Einfluß des Sehens auf den Geruch und Geschmack.

4. Geschmack

Der Geschmack arbeitet aufs engste mit dem Geruch zusammen. Ebenso gehören Hautempfindungen (Berührungs- und Temperaturempfindungen) mit zu den Geschmackswahrnehmungen. Das eigentliche Organ des Geschmackes sind die Geschmacksbecher in der Zunge. Im Gegensatz zu den zahlreichen unsicher bezeichneten Gerüchen gibt es nur vier elementare Geschmacksunterschiede: süß, sauer, bitter, salzig. Die verschiedenen Geschmacksempfindungen rufen sehr starke Reflexwirkungen der mimischen Bewegungen hervor. Es werden Geschmackserlebnisse direkt auf das Gefühlsleben übertragen und die zu den verschiedenen Geschmacksempfindungen gehörigen Reflexbewegungen gelten allgemein als mimischer Gefühlsausdruck. Nach Kroh (150) kommen AB auf diesem Gebiet häufiger als beim Geruch vor.

5. Tastsinn

Vom eigentlichen Hautsinn unterschieden und doch nahe mit ihm zusammenhängend (früher auch dazu gerechnet) sind die Empfindungen, die man bei seinen Bewegungen hat, die sogenannten kinästhetischen Empfindungen. Außerdem gibt es noch Organ-, Allgemein- oder Lebensempfindungen. Unter den verschiedenen Formen des Hautsinnes ist der Berührungssinn besonders wichtig, da man mit diesem Sinn die räumliche Begrenzung der Dinge erfaßt, also die Grenze zwischen der eigenen Person und der anderen Wirklichkeit erlebt. (Die Raumauffassung, die sowohl an den Hautsinn wie an das Auge gebunden ist, wird erst später besprochen.) Die Haut unterscheidet sich von allen Sinnesorganen, die nur einen bestimmt abgegrenzten Teil des Körpers einnehmen, dadurch, daß sie sich über die gesamte Oberfläche des Körpers ausbreitet. Biologisch gesehen ist die Haut das Grundorgan des Körpers. Die Haut vermittelt drei selbständige Empfindungsqualitäten, Wärme- und Kälteempfindungen, Druck- und Schmerzempfindungen. Jede dieser Empfindungen ist an bestimmte Punkte der Haut gebunden. Der Tastsinn besteht eigentlich aus zwei verschiedenen Sinnen, dem Drucksinn als Nahsinn und dem Vibrationssinn als Fernsinn (Katz 211ff.). Der letztere ist noch nicht eingehend untersucht, aber aus der Art wie er vertretend für Gehörsempfindungen wirken kann, läßt sich erwarten, daß sich manche bisher unverständliche Erlebnisse durch ihn werden erklären lassen. Empfindungen des Tastsinns können sehr fein sein[1]. Katz erwähnt z. B. die Fähigkeit von Tuch- und Teppichhändlern die Mischung von Webstoffen zu ertasten. Ich kannte einen Mediziner, der durch seine Tastfähigkeit nicht nur ein guter Diagnostiker war, sondern als Kunstsammler die Legierung der Metalle, Echtheit und Alter ertastete. (Über die Verfeinerung des Tastsinnes und Leistung der Medien: Katz 110.)

Für die volkskundliche Betrachtung ist es von großer Wichtigkeit, daß viele Menschen deutliche AB der Hautberührung bilden können[2], auch oft zugleich mit optischen AB. Gerade dieser Umstand kann dazu führen, daß optische AB für Wirklichkeit gehalten werden, wofür viele Erzählungen über Erlebnisse mit Unterirdischen zu sprechen scheinen. Besonders oft wird in der norwegischen Überlieferung über Huldren (Unterirdische) von Berührungserlebnissen erzählt, die Huldren zupfen, nehmen an der Hand usw. Die

[1] Aristoteles weist darauf hin, daß der Berührungssinn beim Menschen viel feiner sei als beim Tier und meint, daß diese Tatsache mit der Überlegenheit des menschlichen Geistes zu tun hätte. Deshalb sei der Mensch auch das klügste aller lebenden Wesen (Aall, Psykologi 87).
[2] Kroh gibt an, daß taktile AB viel weiter verbreitet sind als akustische, vgl. Katz 53.

Berührung, also Erlebnisse des Tastsinnes haben starke seelische Wirkungen. Durch Berühren wird Freundliches, vor allem aber Böses unmittelbar überführt. Alle Ausdrücke für berühren, greifen usw., anhauchen, blasen, ja ansehen als Berührung aufgefaßt, sind zugleich Bezeichnungen für verzaubern und Zauber (vgl. Verzaubern, HdA.). Das, was man von einem Menschen als seine Erscheinung, Gestalt erfaßt, ist wesentlich seine Haut und war es früher bei unvollkommenerer Kleidung noch mehr. Am hervortretendsten ist das wohl immer beim unbekleideten Tier. Die Haut hält die Erscheinung sozusagen zusammen. Daher auch jene geheimnisvolle Bedeutung der Haut als verzaubernde Hülle. Hierbei spielen sowohl kinästhetische Empfindungen, nachbildende Bewegungen, als auch vielleicht AB mit. Bei Kindern kann man beobachten, daß sie oft beim Anlegen von Verkleidungen, seien diese mehr vollständig oder nur andeutend, sofort durch Bewegungen, die nicht nur mimisch, sondern schöpferisch sind, die Maske ergänzen. Eine andere Gruppe von Vorstellungen, die z. T. mit der Haut als Vertreter der Persönlichkeit zusammenhängt, ist folgende: Niemand kann seinen eigenen Rücken sehen. Daher das Geheimnisvolle der Rückseite, zunächst der eigenen und davon übertragen auf die dämonischen Wesen, die Waldfrauen u. a., die vorne schön und menschlich aussehen, deren Rücken aber hohl wie eine Backmulde ist oder einen Kuhschwanz trägt, oder die mittelalterliche Frau Welt, deren Rücken von Würmern zerfressen ist. Es spielt bei diesen Vorstellungen außerdem noch mit, daß sie z. T. auf AB und Illusionen zurückgehen, so daß bei dem schwächer werdenden AB allmählich zuerst der wirkliche Hintergrund durch das AB gesehen (vgl. Anhang 115 f.) und mit dem Verschwinden des AB nur mehr der Hintergrund gesehen wird: oder bei Illusionen ein hohler Baum, eine einsame Kuh im Wald als Rückseite eines Dämons aufgefaßt wird.

6. Organempfindungen

auch Lebensgefühl oder Allgemeinempfinden genannt, sind mit dem Hautsinn verwandt. Die physiologische Grundlage ist nicht näher bekannt und auch psychologisch ist dieses Gebiet nicht genau durchforscht. Sie stehen in engem Zusammenhang mit den Lebensvorgängen, Atem, Herztätigkeit, Ernährung, Fortpflanzung und zeigen den allgemeinen Zustand des Körpers an. Die Schmerzempfindungen, die nicht an die Haut gebunden sind, gehören hierher. Im ganzen gehören mehr unlustvolle als lustvolle Empfindungen zu den Organempfindungen: Schmerz, Müdigkeit, Hunger, Durst, Übelkeit usw.

7. Kinästhetische Empfindungen

bestehen in Spannungs- und Gleichgewichtsempfindungen, in Wahrnehmungen über Muskelspannungen, die die Bewegung und Haltung des Körpers, Kopfes, der Glieder vermitteln. Das Sinnesorgan für die Empfindungen von Bewegungen der Körperteile liegt in den Gelenken. Oft arbeitet dieser Sinn für sich allein, z. B. wenn man einen Arm hebt, die Augen schließt und dann den anderen Arm in die gleiche Höhe heben kann oder bei Gewichtsempfindungen. Sonst aber hilft bei den Wahrnehmungen mit diesem Sinn noch das Auge, die Haut- und Muskelempfindung mit. Das Sinnesorgan, das das Gleichgewicht und dessen Verlagerungen wahrnimmt, ist das statische Organ, das im inneren Ohr liegt. Erst 1870 wurde das erkannt, als man fand, daß Verletzungen der Bogengänge nicht das Gehör beeinflussen, sondern Schwindel verursachen. Man findet sich also nicht nur durch das Sehen und die Bewegungsempfindungen zurecht. Das Zusammenarbeiten verschiedener Sinne ist den zuletzt besprochenen sogenannten niederen Sinnen (außer Auge und Ohr) eigen. Für viele Menschen spielen kinästhetische AB[1] eine große Rolle, z. T. für sich, z. T. als Anfangsstadium optischer AB. So hat eine Vp. beim Betrachten eines Bildes mit einer Schaukel die Empfindung, als ob sie selbst darauf säße: „Ich spüre ordentlich den Windzug"

[1] Vgl. Kroh 150.

(Jaensch, Grundformen 241). Man denke an Goethes Totentanz, besonders die Stellen: Geberden gibts da vertrackte, oder es ruckt sich von Schnörkel zu Schnörkel hinan, langbeinigen Spinnen vergleichbar, Stellen, die sicher Viele zu deutlichem Erleben der grotesken Bewegungen mitreißen werden.

8. Raum-Zeit-Sinn

nimmt eine besondere Stellung ein. Raumwahrnehmung wird durch drei Sinne vermittelt, durch das Auge, die Haut und den kinästhetischen Sinn. Die Überlegung drängt sich hier auf wie notwendig eine Ergänzung des Gesichtssinnes bei Eidetikern ist. Die eidetische Raumwahrnehmung mit ihren Verlagerungen, Vergrößerungen und Gestaltangleichungen, ist so weit von objektiver Raumauffassung entfernt, daß in extremen Fällen erst die beiden anderen Sinne eine objektive Raumauffassung gewähren. Auch beim Zeitsinn verschmelzen die Empfindungen von drei Sinnesgebieten: Gehörs-, Organ- und kinästhetische Empfindungen.

a) Raumauffassung durch das Auge. Zunächst war es eine Streitfrage, wieweit man von einem Raumsinn reden könne, man meinte die Raumempfindung aus der Erfahrung erklären zu können. Das ist die sogenannte empiristische Theorie (Englische Assoziationspsychologie, Hermann Lotze). Durch Herings Lehre vom optischen Raumsinn ist die subjektivistische Theorie der neueren Zeit begründet worden. In den Hauptzügen läßt sich eine Theorie über die Raumauffassung des Menschen so ausdrücken: Die zweidimensionale Raumauffassung ist durch das Einzelauge angeboren. Auch für die dreidimensionale Raumauffassung besteht z. T. eine angeborene Grundlage. Beim Sehen mit zwei Augen ist nämlich die Fähigkeit angeboren, Gegenstände als hintereinander zu erkennen. Andere Züge der optischen Auffassung lernt man erst durch die Erfahrung, so daß der Raumsinn der Hauptsache nach als nativistisch (angeboren) und in einigen Punkten empiristisch zu erklären ist.

Auf Grund dieser Tatsache ist es ohne weiteres verständlich, daß bei der optischen Raumauffassung Erfahrungen, Vorstellungen stark mitspielen. Das wird besonders bei den optischen Illusionen deutlich und bei der besprochenen Raumwahrnehmung der Eidetiker.

b) Zeitsinn. Wie wird die Zeit seelisch aufgefaßt, erlebt? Zeit an sich wird nie erlebt, sondern immer nur verschmolzen mit einem Inhalt. Wie beim Raumsinn wollen manche dem Zeitsinn keinen selbständigen Platz im Wahrnehmungsleben einräumen. Die Zeit wird in vier Formen erfaßt: als Gleichzeitigkeit, als Früher, Später und Dauer. Täuschungen über früher und später kommen aber vor und sind volkskundlich sehr wichtig, sie werden später S. 73 ff. besprochen. Die Formen des Zeiterlebnisses setzten alle die Zeit als Wirklichkeit für uns voraus. Die Zeitempfindung ist nicht leicht zu beschreiben, alle Teile der Zeit hängen zusammen, es handelt sich um etwas Fortlaufendes, nicht Teilbares. Berührung, Laut und Bewegung sind besonders geeignet Zeitempfindungen bewußt zu machen. Bei Platzveränderungen, lang anhaltender Dauer tritt die Zeitempfindung deutlich hervor, wenn sich dasselbe wiederholt, wird es als Wiederholung wiedererkannt, beide Bedingungen vereinen sich zum Rhythmus.

Für die Beurteilung der Zeitauffassung sind zwei Tatsachen entscheidend: Die sogenannte Enge des Bewußtseins, d. h. die Fähigkeit nur eine beschränkte Anzahl gleichzeitiger Eindrücke aufzunehmen, und die große Rolle, die die Aufmerksamkeit für den seelischen Inhalt einer Wahrnehmung spielt. Daneben wirkt das Gefühl, die Anteilnehme an einer Sache, ob die Zeit als „kurz"-weilig oder „lang"-weilig empfunden wird. Besonders das Warten wird „lange" erlebt und man versucht sich die Zeit zu „vertreiben", zu „verkürzen". Seelisch wirkt es sich sehr verschieden aus, ob es sich um eine objektiv lange oder kurze Zeit handelt. Die Zeitspanne, die man rein sinnlich als gleichartigen Inhalt empfinden kann, ist kurz, kaum länger als zwölf Sekunden. Für längere Zeitstrecken hat man ein Gefühl, aber man beurteilt die Dauer mit Hilfe von sekundären Mitteln. Man teilt das Ereignis auf und versucht die so geschaffenen Teile in Gedanken zusammenzusetzen.

Die physiologische Seite des Zeitsinnes ist unklar. Darin ist Zeit- und Raum ähnlich, nur daß in den Wahrnehmungen der Raum größere Anschaulichkeit besitzt als die Zeit. Man bezeichnet und mißt Zeit mit räumlichen Ausdrücken, Zeit-punkt, -spanne, -strecke, -raum. Umgekehrt bezeichnet man auch räumliche Größen durch Zeit, die Länge des Weges durch die Fahr- oder Gehzeit, die man zu ihm braucht. Diese in gewissen Grenzen mögliche Vertauschbarkeit von Raum und Zeit hat Wagner in Parsifal ergreifend ausgedrückt: Beim wunderbaren Gang zur Gralsburg sagt Parsifal: „Ich schreite kaum, doch wähn' ich mich schon weit." Gurnemanz erwidert: „Du siehst, mein Sohn, zum Raum wird hier die Zeit."

Die Zeit hat nur eine feste Richtung, in der Wirklichkeit erfolgt alles in bestimmter Zeitordnung. Diese Reihe kann in der Phantasie und im subjektiven Zeiterlebnis aufgehoben werden. Doch kann man bemerken, daß man beim freien Ausdenken von Ereignissen, ja sogar im Traum, Verstöße gegen die Zeitordnung als Hemmung empfindet, über die man sich hinwegsetzen muß. Die Unwiederbringlichkeit der Zeit ist tief im Bewußtsein verankert. Dieses Erleben hat Heraklit durch das Bild ausgedrückt: Man kann nicht zweimal in denselben Fluß steigen (Diels, Fragmente der Vorsokratiker 79, 81). Im Gegensatz zu der irdischen Zeitordnung stehen andere Ordnungen, z. B. in den Vorstellungen der Zeit im Reiche der Unterirdischen. Undenkbar wie das Stillstehen der Zeit ist die Vorstellung der endlosen Zeit, der Ewigkeit, da für unser Zeiterleben nur begrenzte Zeiten gegeben sind. Oft wird daher die Vorstellung von der ewig rinnenden Zeit in eine Wiederkehr der Zeit umgebogen, wobei auch bestimmte Täuschungen (s. S. 73 ff.) schaffend mitwirken. Im subjektiven Zeiterlebnis kommen nicht selten Verschiebungen des Vorher und Nachher vor, die außer bei den erwähnten Täuschungen bei der Umstellung (Permutation) von Ereignissen in der Erinnerung eine große Rolle spielen. Beim Zeiterlebnis bleibt übrigens immer etwas Ungelöstes zurück.

Bei Raum- und Zeitsinn tritt eine Grundeigenschaft des Seelenlebens besonders deutlich hervor: Sie arbeiten nicht mit vereinzelten Wahrnehmungen, sondern das ganze Denken, Fühlen und Wollen ist mitbeteiligt auch dann, wenn es sich um Sinneseindrücke handelt. Es wirken, wie schon öfter gesagt, Gedächtnis und Erfahrung im Einzelfall der Wahrnehmung bestimmend mit.

Daneben muß immer wieder betont werden, daß Reiz und Wahrnehmung nicht in einem einfachen immer gleichbleibenden Verhältnis zueinander stehen. Man kann nicht sagen der und der Reiz ergibt immer das und das Erlebnis; immer bleibt Platz für unbekannte Faktoren. Oft kann auch dadurch die Lage verändert werden, daß mehrere Sinne zugleich wahrnehmen. Dadurch kann ein Eindruck verstärkt werden, es können aber auch die verschiedenen Eindrücke einander entgegenarbeiten.

9. Synästhesie

Folgende Erscheinung wird Synästhesie genannt: Wird einem Menschen auf einem Sinnesgebiet ein Reiz geboten, so wird bisweilen ein anderes Sinnesgebiet mit erregt, so daß verschiedene Sinnesreaktionen als Einheit erlebt werden. Am bekanntesten ist das Farbenhören. Synästhesien werden oft durch besonders starke Schwingungen der Seele ausgelöst (Jaensch, Grundformen 169). Aber diese Erscheinung beruht z. T. auch auf Veranlagung, so daß Jaensch einen selbständigen Synästhetikertypus aufstellen konnte, bei dem die Stimmung die Wahrnehmung weitgehend beeinflußt und der sehr abhängig von der Umwelt ist. Jaensch (Grundformen 451 f.) unterscheidet drei Formen von Synästhesie: 1. vorstellungsmäßig (visuelle), 2. wirklich empfindungsmäßig erlebte Synästhesien, beide Formen können bei derselben Person vorkommen und 3. Gefühlssynästhesien. Synästhetiker „beseelen" die Umwelt, legen ihre eigenen Gefühle in die Natur, haben oft eine starke Neigung zu Wachträumen. Doppelempfindungen aller Art treten auf, die Größenwahrnehmung wird verändert. Diese Menschen sind der stärksten Einfühlung fähig, zeitweise verschwimmt geradezu die Grenze zwischen Ich und Nichtich. Raum, Zeit und Umwelt wird völlig vergessen und die Rückkehr zur Wirklichkeit wird schreckhaft bewußt. Dieser Typus bietet außer in Grenzfällen nichts Krankhaftes dar (vgl. u. S. 48 f.).

Aber auch bei anderen Typen können diese sozusagen chemischen Verbindungen von Eindrücken, die mehr sind als sogenannte Assoziationen, entstehen. Eine

Analyse der nicht ganz durchsichtigen Erscheinung versucht Stern (APs 217 ff.) zu geben. Zwei Eindrücke können nach ihm auf zwei Arten unlöslich verschmelzen, z. B. Trauermusik und schwarze Farbe. Die Erfahrung des Beieinanderseins kann auf eine synästhetische Bereitschaft des Wahrnehmenden für das Zusammenpassen dieser beiden Teile stoßen. Dies scheint mir aber eine Erklärung per idem zu sein, da diese synästhetische Bereitschaft eben schon eine Synästhesie der 3. Form ist, die sehr oft mit „ich habe ein Gefühl als ob" umschrieben wird. 2. Es können zwei Ereignisse zufällig zusammentreffen, aber in einem Erlebnis, das für den Erlebenden katastrophale Bedeutung hat, als unauflösliches Ganzes in die Seele gebrannt werden (Trauma). Es handelt sich um eine Totalreaktion auf eine Totalsituation und damit ist wohl die Grundlage der Erscheinung berührt: Wenn ein Mensch mit seinem ganzen Ich in eine Reizsituation untertaucht, so hört diese auf sinnesspezifisch z. B. nur akustisch zu sein, es erfolgt eine Gesamtumstellung seiner persönlichen Haltung, sein Erleben weilt in Regionen, die tiefer als Scheidung von Klang, Farbe und Berührung usw. liegen. Experimente haben das bewiesen (a. a. O. 218). Volkskundlich ist das sehr wichtig: Manche Erscheinungen beruhen auf Synästhesien z. B. die Unheimlichkeit bestimmter Orte, wo keine nähere, oft ausdeutende, Begründung angegeben werden kann. Selbstverständlich kann das nicht ohne weiteres behauptet werden, es muß untersucht und wissenschaftlich bewiesen werden. Gewährsleute für derartige Erzählungen müßten untersucht werden, vielleicht könnten Varianten Hinweise geben. Hier soll nur auf die Wichtigkeit dieser Tatsachen hingewiesen werden, die zeigen, wie verfehlt es sein kann, Erlebnisse in Empfindung und Deutung zu zerlegen. Es handelt sich um unmittelbare komplexe Erlebnisse, nicht um nachträgliche Verschmelzung oder gar rationale Deutung.

10. Illusionen und Halluzinationen

1. Illusionen. Teilweise finden Sinnestäuschungen ihre Erklärung dadurch, daß Reiz und Empfindung nie völlig eindeutig zugeordnet sind. Teilweise spielen Mängel der Sinnesorgane mit, teilweise Eigenheiten der Wahr-

nehmung wie Kontrastwirkungen und Assimilation, d. h. die beständige Beeinflussung durch frühere Erlebnisse, so daß aus dem Ich durch Erweiterung, Bereicherung von unvollständigen Reizsituationen, falsche Auffassungen durch affektive Einstellung erwachsen. Eine Illusion beruht **immer** auf einem **Sinneseindruck**. Folgendes Erlebnis diene als Beispiel, weil es sofort notiert wurde:

Im November 1934 waren einmal alle Bäume durch eine ungewöhnlich schwere Eislast gefährdet, man wartete gespannt auf Tauwetter, ein Wipfel nach dem anderen brach. In der Nacht erwache ich durch ein Geräusch, das durch einen Metallkörper verursacht sein mußte. Ich erinnerte mich an den Laut, der durch den vereisten Gipfel einer Birke am elektrischen Leitungsdraht früher verursacht worden war. Eigentlich kann dieser Laut, der aber doch nicht ganz zu stimmen schien, nur davon herrühren, und meine Gedanken weilten wieder bei den vereisten Bäumen, immer deutlicher erkenne ich den Klang wieder. Nach längerer Zeit ist das Geräusch fort. Endlich Tauwetter denke ich, horche genau und höre den Regen rauschen, Tropfen an die Fenster schlagen und schlafe beruhigt ein. Am Morgen rede ich gleich darüber wie gut es sei, daß nun Tauwetter sei. „Wieso Tauwetter", sagte das Mädchen, „es ist genau wie es gestern war". Ich versuchte ihr zu erklären, was ich gehört hatte und erfuhr, daß jenes Geräusch von einer Wanne kam, die auf der Küchenveranda hing und die der Wind hin und her schob. Gegen drei Uhr hatte das Mädchen den Laut nicht mehr aushalten können und die Wanne geholt. Für meine Sinnestäuschung ist wichtig, daß der Wunsch, es möchte tauen, so stark war, daß ich das Störende im Lärm, das nicht zu meiner Deutung passen wollte, sozusagen weghörte.

Ein weiteres Beispiel einer Geruchsillusion ist ebenfalls gleich aufgezeichnet und überprüft worden:

Auf dem Heimweg nach einem Vortrag ging ich in Gedanken und hatte außerdem noch die Empfindung, daß die Luft, Geräusche ausgesprochen frühjahrlich wirkten. Plötzlich rieche ich starken Hyazinthenduft, der mich sehr erfreut. Ich atme ihn begehrlich ein und merke bald, daß es der jetzt widerliche

Benzingeruch eines Auspuffrohres ist. Der Anlaß der Fehldeutung ist ziemlich klar. Die Sehnsucht nach dem Frühling, dunkle Erinnerung, daß in den Vorgärten, an denen ich gerade vorüberging, Hyazinthen zu blühen pflegten (es waren aber keine da, wie ich mich am nächsten Tage überzeugen konnte) und der starke Geruch des Automobils, das ich übrigens nicht bemerkt hatte. Ein Versuch, den Binet machte, zeigt besonders deutlich, welche Rolle die affektive und willensmäßige Einstellung bei Illusionen spielt. Binet sagte seinen Vp. er wolle ihre Geruchsempfindlichkeit prüfen, indem er Flaschen mit schlecht riechenden Flüssigkeiten in äußerster Verdünnung öffnen werde. Die Vp. reagierten sehr verschieden, z. T. sehr heftig auf destilliertes Wasser, das allein dargeboten wurde.

Sinnestäuschungen spielen in der Volksüberlieferung sicherlich eine große Rolle; es wird viel ungenauer gesehen oder gehört usw. als man gemeinhin annimmt. Die meisten nehmen das wahr, worauf sie eingestellt sind. Derartige Sinnestäuschungen[1] sind durchaus normal.

2. Halluzination. Es gibt aber auch durchaus normale Halluzinationen bei großer seelischer Erregtheit oder Niedergeschlagenheit, bei außerordentlicher Versenkung in einen Gedankengang, vor allem bei Eidetikern des B- und Synästhetikertypus (Jaensch, Grundformen 191). Halluzinationen sind im Gegensatz zu den Illusionen, denen ein äußerer Reiz zugrunde liegt, zentral erregt, also ohne daß ein äußerer Reiz als Ursache vorliegt. Halluzinationen werden im Wahrnehmungsraum lokalisiert. Auch sogenannte Pseudohalluzinationen können im Außenraum lokalisiert werden. Die Pseudohalluzinationen unterscheiden sich von Halluzinationen dadurch, daß sie als subjektive Erscheinungen durchschaut werden[2] (Vgl. Bericht der Vp. G. H. o. S. 19.). Bei Geisteskranken sind Halluzinationen typisch. Ferner können Halluzinationen durch apsychonome Ursachen, verschiedene Gifte, hervorgerufen werden.

[1] Auf die geometrischen Sinnestäuschungen gehe ich nicht ein, da sie im Volksglauben kaum eine Rolle spielen. [2] Jaensch, Grundformen 128, 191.

IV. Aufmerksamkeit

Jede Wahrnehmung umschließt eine Auswahl, eine Abhebung eines Komplexes aus der Fülle des Gegebenen, einen Aufmerksamkeitsakt. Dieser psychologisch wegen seiner Vieldeutigkeit sehr umstrittene Begriff ist so viel ich sehe nicht zu umgehen. Aufmerksamkeit ist eine Funktion des Bewußtseins, die die Voraussetzung für jede geistige Leistung ist.

Ursprünglich wird die Aufmerksamkeit durch Triebe und Affekte erregt. Neutrale Aufmerksamkeitsakte sind Kulturprodukte. Das Triebhafte der Aufmerksamkeit ist jetzt zwar zum größten Teil für uns verdeckt, aber sein Vorhandensein läßt sich doch nachweisen (Müller-Freienfels 2, 52). Wird die Aufmerksamkeit durch Größe, Intensität, Bewegung geweckt, so ist ihr triebhafter Grund am leichtesten einleuchtend; die genannten Beschaffenheiten können Gefährdung oder Freude bringen. Wie sehr die Funktion der Aufmerksamkeit durch die Gesamteinstellung und das Gesamtniveau des Ich bedingt ist, kommt auf einem Bild eines Witzblattes zum Ausdruck. Ein kleiner Junge steht mit seiner Mutter im Tiergarten vor dem Giraffenkäfig und zeigt eifrig auf einen vor dem Gitter hüpfenden Sperling. Oder: Unmusikalische bewundern beim Anhören eines schwierigen Klavierstückes die körperliche Leistung des schwitzenden Musikers.

Man scheidet zwischen reaktiver[1] und willkürlicher (vorbedachter) Aufmerksamkeit. Die vorbedachte Aufmerksamkeit ist eine Sache des Willens, doch kann auch die reaktive Aufmerksamkeit gleichzeitig mitbeteiligt sein. Aufmerksamkeit bedingt immer eine gewisse Verengung der Bewußtseinsweite,

[1] Da auch in der unwillkürlichen Aufmerksamkeit ein Tätigkeitsmoment, eine Reaktion liegt, sind die Ausdrücke unwillkürlich oder passive Aufmerksamkeit nicht günstig und ist der von Stern vorgeschlagene Ausdruck reaktive Aufmerksamkeit im Gegensatz zur vorbedachten vorzuziehen.

doch gibt es innerhalb einer gewissen Grenze zwei Typen von Aufmerksamkeit, konzentrierte und distributive. Versuche haben gezeigt, daß zwei Aufgaben wirklich gleichzeitig gelöst werden können. Doch ist dies nicht für alle Menschen möglich. Die introvertierten Menschen sind konzentriert und können durch ihren Mangel an distributiver Aufmerksamkeit Doppelaufgaben nicht wirklich gleichzeitig lösen. Die Extravertierten besitzen weniger Konzentrationsvermögen, dafür gelingt es ihnen Doppelaufgaben zu lösen (Ach Wille 298—321).

V. Persönlichkeitstypen

Es ist bisher so oft und viel von verschiedenen Persönlichkeitstypen die Rede gewesen, daß es nötig ist, diesen wissenschaftlichen Begriff genauer zu besprechen. Aus dem vorhergehenden wurde deutlich, daß nicht alle Menschen in der gleichen Weise wahrnehmen, die Aufmerksamkeit betätigen; im weiteren Verlauf der Darstellung wird sich zeigen, daß sie auch nicht in derselben Weise vorstellen, fühlen und wollen. Alle seelischen Erlebnisse sind typisch verschieden bei verschiedenen Individuen. Die Typologie handelt von der Art wie die Erlebnisteile in dem psychophysischen Individuum zur Einheit verbunden sind. Sie sucht die Zusammengehörigkeit der seelischen und physischen Merkmale zu finden und erkennt nur solche Züge als echt und wesentlich an, die gleichsam die Grundlinien des Bauplanes, nach dem sich das seelische Erleben gestaltet, angeben. Eine Typologie muß naturwissenschaftlich aufgebaut sein. Dementsprechend ist die Typologie, die E. Jaensch aufgestellt hat, ein offenes System, d. h. es kann unbegrenzt fortgesetzt werden, indem immer weiter zu Unterformen vorgedrungen werden kann. Sie ist im Gegensatz zu anderen mehr beschreibenden Systemen experimentell unterbaut und die konstituierenden Merkmale werden durch alle Schichten des psychischen Geschehens, von der Wahrnehmung bis zu den höchsten Leistungen verfolgt.

Nach E. Jaensch liegen die materiellen Korrelate für die Grundtypen im Bereiche des Nervensystems. Im Nervensystem gibt es zwei Funktionstypen, den integrierten und desintegrierten. Wahrscheinlich kann jede Funktion im Sinne beider Typen verlaufen, aber es gibt für den einen oder den anderen Funktionstypus sozusagen „Prädilektionsgebiete". Für die integrierte Funktion ist das vegetative Nervensystem Prädilektionsgebiet (Grundformen XIII f.). Das vegetative Nervensystem arbeitet im Gegensatz zum zentralen immer einheitlich. Ein wesentliches Merkmal für den seelischen Typus eines Menschen sind seine „Kohärenzverhältnisse" zur Welt, und das Gegenteil davon die verschiedenen Formen der Abspaltung. Der Typus der Integration, der erste Haupttypus, zeigt ein sehr starkes Kohärenzverhältnis zur Welt. Integration bedeutet die wechselseitige Durchdringung und das ungetrennte Zusammenwirken von Funktionen. Am leichtesten wird dieser Begriff erläutert an eidetischen Erscheinungen, die zu den Merkmalen vieler integrierter Individuen gehören. Doch ist Integration ein viel weiterer Begriff, der überwiegend Nichteidetiker umfaßt. Eine Form der Durchdringung wurde beim vorstellungsnahen eidetischen Typus besprochen, bei dem die Wahrnehmung den Vorstellungen so nahesteht, daß die sonst in verschiedenen Graden bestehenden Unterschiede zwischen Wahrnehmung und Vorstellung wegfallen und beide einander durchdringen. Bei den Nichtintegrierten[1] verlaufen die verschiedenen Funktionen verglichen mit den Integrierten verhältnismäßig unabhängig voneinander.

Der Integrierte steht der Welt aufgeschlossen, mit liebevoller Hingabe an das Gegebene, gegenüber. Die erwachsenen Integrierten sind besonders oft Künstler oder künstlerisch interessiert; für viele dieser Menschen gibt es gar keine unbelebten Gegenstände. Eine Folge der starken Durchdringung aller Funktionen und Erlebnisse ist oft eine gewisse Schwäche des Willens. Der Integrierte erweckt oft den Eindruck der Unbeständigkeit. Besonders stark ist dieser Eindruck bei dem schon erwähnten Synästhetikertyp, einer Unterform des integrierten Typus. Während beim integrierten Typus I_1 bei der Durchdringung der Funktionen das Objekt überwiegt, überwiegt beim S-(Synästhetiker-)Typus das Subjekt, so daß man den I_1-Typus auch als Rezeptions-, den S-Typus als Projektionstypus bezeichnen kann (Grundformen 16—18). Im ganzen ist der S-Typus noch labiler als der I_1-Typus; das Überwiegen des Subjektes schafft bei ihm nicht durchgehendes starkes Wollen, oder tiefes Fühlen, sondern die starke Wandelbarkeit der Erlebnis-

[1] Die Bezeichnung „nichtintegriert" finde ich nicht günstig, da sie der Auffassung der Ganzheitspsychologie zu widersprechen scheint.

komplexe bildet eine sehr feine Innenwelt, tausend Gefühlchen aber kein Gefühl. „Ein Gefühl wie" ist bei ihm das Verbindungstiftende. Sehr ausgeprägtes Gefühl für Form ist diesem Typus eigen. Das Verhalten des S-Typus erinnert besonders stark an Kinder und sogenannte Primitive. Synästhesien haben auch in der Kindheit weite Verbreitung (Grundformen 23).

Auf die große Bedeutung der Typenlehre für die Erkenntnis und Beurteilung des Volkstums muß hier hingewiesen werden. Als Beispiel mag erwähnt werden, daß S-Typen besonders häufig unter französischen Schulkindern und unter französischen Literaten gefunden worden sind. Diese typologischen Merkmale wurden auch auf anderem, sprachpsychologischem Wege von Heinz Werner experimentell festgestellt. Werner vergleicht den Eindruck französischer und deutscher Wörter derselben Bedeutung auf französische Vpn., und findet, daß die französischen Ausdrücke überwiegend den Eindruck stärkerer Geformtheit hervorrufen, während die deutschen Wörter durch ihr Klangbild mehr die Eigenschaft des betreffenden Körpers wiedergeben (ZPs. 109, 1929, 352ff.).

Vielerlei Aufgaben warten hier noch der Lösung; Beurteilung der Sagenerzähler, des Stiles verschiedener Überlieferungen mit ihren Varianten[1]. Sowohl I_1 als S-Typen sind lebhafte Erzähler. I_1 erzählt anschaulich und lebt ganz in den geschilderten Situationen. S geht nie ganz in der Situation auf, unterbricht seine Erzählung durch Darstellung von Beziehungen zu früher Erlebtem, vor allem durch subjektive Auswertung des einmal Erlebten (Jaensch, Grundformen 238). Schon erwähnt wurde, daß Jaensch unter seinen Eidetikern (vgl. Anhang) mehrere gefunden hat, die mit Vorliebe Märchen erzählen. Von dem dänischen Dichter und Philosophen Paul Möller (S-Typus) erzählt C. Hauck folgendes. Er hatte eine große Vorliebe für Volkspoesie und kannte viele Sagen und Märchen, die er zwar nicht aufschrieb, aber mit großer Lebendigkeit und auf eine eigene spannende Weise zu erzählen verstand. „Mehrere Abende, an denen er mich besuchte,

[1] Vgl. Liestøl, Upphavet til den islendske aettesaga. Kapitel II, IV.

erhitzten wir unsere Phantasie derartig mit solchen Märchen, daß P. Möller, als er nach Hause gehen sollte, so stark von seinen eigenen Erzählungen gefangen genommen war, daß er nicht den Mut hatte zu gehen, sondern lieber bei mir übernachtete"[1]. Diese Mitteilung ist höchst bezeichnend. Die stark subjektiven und vom Affekt gestifteten Beziehungen zwischen Dingen und Erlebnissen bedingen die beim S-Typus oft auftretende Angst. Die Welt ist ein Heerlager von Schreckgespenstern oder in eine freundliche und feindliche Welt mit entsprechend feindlichen und guten Dämonen eingeteilt (Grundformen 460). Deutlich geprägt von dieser Angst ist in unserem Volksglauben die Vorstellung von den schützenden Grenzen, Dach, Haus, Dachtraufe, Schwelle, Tür, über die die feindlichen Mächte nicht schreiten können, oder die vielen damit zusammenhängenden Vorsichtsmaßregeln gegenüber feindlichen Mächten.

Noch bevor ich mich mit den wissenschaftlichen Typologien beschäftigt hatte, drängte sich mir die Annahme grundverschiedener Typen auf. Den ausschlaggebenden Anlaß dazu gaben die verschiedenen z. T. entgegengesetzten Beurteilungen, die meine Ansicht über das Maskenerlebnis und damit zusammenhängende Kulte erfahren hat. Durch Versuche stellte ich dann fest, daß das Erlebnis der Besessenheit durch das Dargestellte auch heute noch von den einen erlebt, von anderen glatt geleugnet, von dritten mehr oder weniger nachgefühlt und erfaßt wird[2]. Jetzt nach meinen Studien über Eidetik und Typologe ist es mir klar, daß, wie Jaensch gelegentlich andeutet (z. B. Grundformen 174), nur den integrierten Typen in verschieden starker Abstufung das Maskenerlebnis zugänglich ist und daher nur von Integrierten und Übergangstypen ohne weiteres erfaßt wird. Aus diesem Beispiel geht hervor, daß man die Schöpfer und Überlieferer der Maskenkulte unter Integrierten zu suchen hat. Eine andere Frage ist die, ob man damit rechnen darf, daß entsprechend der stärkeren Integration in der Kindheit und Jugendzeit, unsere Vorväter in vor- und frühgeschichtlicher Zeit stärker integriert waren,

[1] C. Hauck, Minder fra min Barndom og Ungdom (1867) S. 295. [2] Experimentelle Beiträge zur Psychologie der mündlichen Überlieferung. NdZVk 1935, S. 157ff.

wie es z. B. die Tiefkulturvölker einer Hypothese Jaenschs zufolge noch sind. Jedenfalls deckt sich die seelische Eigentümlichkeit der Tiefkulturvölker, die Lévy Bruhl „Participation mystique“ nennt, wesentlich mit der Integration, der wechselseitigen Durchdringung später relativ getrennter Funktionsgebiete (vgl. Grundformen 65).

Während man das Bewußtsein des J_1-Typus mit einem leeren Raum vergleichen kann, der allen Inhalt von der jeweiligen Umwelt empfängt, bilden bei dem bedingt Integrierten J_2-Typus feste Vorstellungskomplexe, Ideen und Ideale einen durch die Zeit hindurchlaufenden festen Kern der Persönlichkeit. Unter den großen deutschen Dichtern vertritt Goethe den J_1-Typus, Schiller den J_2-Typus. J_2 stellt den Übergangstypus zu dem rein nach innen integrierten Typus J_3 dar.

Der Typus J_3 besitzt nur auf Teilgebieten, auf innerseelischen Bereichen Integration (Grundformen 279). Die Menschen dieser Art sind unvisuell, motorisch, haben Neigung zu Bewegungsautomatismen und Zwangsvorgängen. Das letztere geht die Volkskunde an; diese Menschen zeigen oft stark magische Verhaltungsweisen; z. B. immer nur mit derselben Klinge zu fechten oder während einer mehrtägigen Prüfung dieselben Strümpfe zu tragen; sie neigen zu Aberglauben im alltäglichen Sinne des Wortes (Grundformen 312). Ein gutes Beispiel für diesen Typus ist der Vater der Vp. A. H., der sehr tüchtig und arbeitsam, kein Verständnis für die „Phantasien“ (eidetischen Erlebnisse) seiner Kinder hat, dabei aber einem Wunderdoktor alles blindlings glaubt, höchst imponiert von dessen „besonderen“ Fähigkeiten ist, abergläubische Geschichten von ihm weitererzählt, die in merkwürdigem Gegensatz zu seiner klugen, praktischen Art stehen. Vor allem ist dieser Typus auf Leistung eingestellt, hat einen starken Drang nach praktischer Betätigung und Gestaltung. Damit kann oft eine gewisse Enge des Blickes, Pedanterie und moralisierende Bewertung von Personen gepaart sein. Diese Menschen haben eine starke Bodenständigkeit und halten an ihren selbsterworbenen Überzeugungen zähe fest (Grundformen 325 ff.).

In starkem Gegensatz zu den integrierten Typen stehen die nichtintegrierten

N-Typen. Der Zusammenhang ihrer seelischen Funktionen ist ein lockerer, sie wirken relativ getrennt voneinander. Die Nichtintegrierten lassen sich nicht ablenken (Grundformen 365). Der nichtintegrierte Mensch in ausgesprochener Ausprägung ist nur selten zu finden. Bei den allmählichen Übergangstypen von Integrierten zu Nichtintegrierten kann man eine steigende Fähigkeit der Abstraktion bemerken (ebenda 381 ff.). Während die Motive der Willensakte beim I-Typus zeitlich veränderlich sind, sind sie beim N-Typus zeitlich unveränderlich. Ähnlich auch bei Lebenswerten. Die Werte der I-Typen sind augenblickgeboren, die des N-Typus feste Prinzipien. Es gibt zwischen beiden Typen unorganische Übergangstypen, die eine Zwiespältigkeit zeigen, von stark integrierter Reaktionsweise in nichtintegrierte übergehen (Grundformen 396). Diese Übergangstypen übernehmen leicht Werte, ohne sie zu verstehen, weil sie Autorität besitzen; sie halten fest an Anstandsregeln, Werten mit Normcharakter, richten ihre ethischen Urteile nach der Umwelt.

Jaensch ist der Ansicht, daß geographische Verhältnisse eine entscheidende Bedeutung für die Häufigkeit der Typen besitzen (Grundformen 27 ff.). Auf diese noch nicht geklärte Frage, auf die auch schon bei der Verbreitung der eidetischen Anlage hingewiesen wurde, kann hier nicht näher eingegangen werden.[1] Es ist aber eine Frage, die die Volks- und Völkerpsychologie hervorragend angeht und zu deren Lösung vielleicht auch volkskundliche Untersuchungen werden Beiträge liefern können.

Zum Schluß muß die Typologie von Jaensch noch mit anderen bekannten Typologien verglichen werden. Der pyknische und zugleich zyklothyme Typus Kretschmers ist eine Variante des I_1-Typus. Die Schizoiden Kretschmers fallen z. T. unter die schwächer Integrierten oder Desintegrierten, zum größten Teil unter die Synästhetiker (Grundformen 76 ff.). C. G. Jung scheidet in seinen „Psychologischen Typen" zwischen dem introvertierten, der dem weniger integrierten und desintegrierten, und dem extravertierten,

[1] Bezüglich der Frage wieweit es sich um Erbtypen handelt, verweise ich auf die während des Druckes erschienene Schrift: G. Ostermeyer, Erbcharakterkunde, Gestaltpsychologie und Integrationspsychologie, ZaPs Beih. 73.

der dem integrierten Typus entspricht. Der integrierte Typus entspricht weiter dem emotionalen, der desintegrierte dem intellektuellen Typus nach Müller-Freienfels. Wie wichtig die Kenntnis der Typologie für die Volkskunde ist, braucht nun nicht mehr betont zu werden. Erwähnt seien noch Typologien des religiösen Erlebens, die sich teilweise mit den obigen Typen decken. James schied zwischen der Religion der leichtmütigen und der schwermütigen Seele. Heiler gelangte durch Untersuchungen über das Gebet zur Scheidung zwischen mystischen und prophetischen religiösen Typen.

VI. Vorstellung

In der Psychologie schied man früher scharf zwischen Wahrnehmung und Vorstellung, indem man die Vorstellung als gedankenmäßige Reproduktion der Wahrnehmung auffaßte. Da aber, wie gleich gezeigt werden wird und wie aus den früheren Kapiteln schon klar geworden ist, von reinen Reproduktionen bei der Vorstellung fast überhaupt nicht die Rede sein kann, muß die Beschreibung der Vorstellung etwas anders lauten. Vorstellung ist die gedankenmäßige Vergegenwärtigung, meist Rekonstruktion, einer Wahrnehmung. Die Vorstellung ist im allgemeinen verglichen mit der Wahrnehmung unvollständig, ärmer, abgeblaßt (manche Menschen können sich optisch alles nur grau vorstellen). Vorstellungen sind nicht dauernd, d. h. sie müssen immer wieder neu erzeugt werden, kommen und verschwinden; sie sind einerseits abhängig vom Willen, können beliebig hervorgerufen und verändert werden. Andererseits hört bei bestimmten Krankheiten die Beeinflussung durch den Willen z. T. auf; eine Vorstellung löst die andere ab, man spricht von Ideenflucht. Vorstellungen erscheinen im allgemeinen im inneren subjektiven Raum, sind dem Ich völlig angehörig und werden mit dem Gefühl der eigenen inneren Aktivität produziert (Jaensch, Grundformen 122). Vorstellungen entstehen nicht nur durch Eindrücke, sondern auch durch das Verhalten gegenüber der Umwelt im Sinne der Aufgabe, die man ihr gegenüber zu erledigen hat (Ach Wille 160).

Die Deutlichkeit und Wahrnehmungsnähe der Vorstellungen innerhalb verschiedener Sinnesgebiete ist sehr verschieden. Sehr oft bestehen die sogenannten Reproduktionen in einem völlig andersartigen Ersatz. Die wenigsten Menschen (es gibt aber solche, die es können) können eine Geruchsempfindung reproduzieren. Das, was sich einstellt, sind Gefühle und andere Stellungnahmen, die die motorischen Nerven in Bewegung setzen und ein ähnliches Ergebnis haben, wie die Wahrnehmung bewirkt hat. Der Geruch hat besonders großen Einfluß auf die Gefühle; dies und die starke Vermischung der Geruchsempfindungen mit anderen Sinnesempfindungen wie Druck-Temperaturempfinden, Gesichtseindrücken bewirken, daß wirkliche Geruchsvorstellungen selten und undeutlich sind, und daß Gefühlserlebnisse und Geruchsillusionen oft mit Geruchsvorstellungen verwechselt werden. Ähnlich verhält es sich mit Geschmacksvorstellungen. Es leben nur Gefühle auf und scheinbare Vorstellungen erweisen sich als Illusionen und Ersatzempfindungen. Auch bei Tast- und Temperaturempfindungen handelt es sich bei den Vorstellungen nicht um Reproduktionen, sondern um neue Erlebnisse, Gefühle und motorische Empfindungen. Bei Hautempfindungen ist der Ersatz durch motorische Kontraktionen besonders leicht herzustellen. Bekannt ist, daß Hautempfindungen, besonders bei Nervösen, zentral erzeugt werden können (Müller-Freienfels 2, 129ff.). Man kann also nicht von einer allgemeinen Reproduktionsfähigkeit auf den sogenannten niederen Sinnesgebieten sprechen. Was man dafür gehalten hat, sind in Wirklichkeit neue Erlebnisse. Diese neuen und andersartigen Erlebnisse vermögen aber im geistigen Leben als vollwertiger Ersatz für Reproduktionen einzutreten.

Bei den höheren Sinnen, Gesicht und Gehör, gibt es wirkliche Empfindungsreproduktionen. Doch kommen auch auf diesen Gebieten Ersatzphänomene vor, verschieden oft und in verschieden großer Ausdehnung bei verschiedenen Individuen.

Nach einer Theorie von E. Jaensch (Eidetik 24; Bonte 22—43) scheint entwicklungsgeschichtlich, wie beim Kind noch jetzt, ein Stadium bestanden zu haben, in dem es weder Wahrnehmung noch Vorstellung in unserem Sinne gab; aber sowohl Wahrnehmung wie Vorstellung entwickelte sich aus dieser Einheit. Nach Bleuler sind Vorstellungen verlängerte, meist stärker verarbeitete Wahrnehmungen. Je weiter die Verarbeitung schreitet, desto unabhängiger wird die Vorstellung von den äußeren Reizen. Die Vorstellung bildet so ein Mittelglied zwischen Wahrnehmung und Denken nach folgendem Reihenschema: Wahrnehmung — Nachbild — Anschauungsbild — Vorstellungsbild — Vorstellung — Denken oder besser (nach Bühler) — Gedanke.

Nach der Art, Vorstellungen zu bilden, unterscheidet man drei Typen. Der visuelle Typus besitzt sehr anschauungsnahe Vorstellungen, in starker Ausprägung ist er Eidetiker des B-Typus. Diese Menschen erleben die reichsten und stärksten Eindrücke durch die Augen. Der nächste Typus ist der auditive, für den die akustischen Eindrücke die reichsten sind und für den Musik den Stoff des Vorstellungslebens bildet. Schließlich hat man den motorischen oder kinästhetischen Typus aufgestellt, bei dem die Vorstellungen überwiegend auf Erlebnisse eigener Körperbewegungen aufbauen. Klare Ausprägung dieser Typen finden sich nur selten und dann meist bei schaffenden Künstlern. Im allgemeinen ist das Überwiegen auf einem Sinnesgebiet nicht sehr hervortretend, so daß die meisten Menschen einem gemischten Typus angehören. Aber, wie die Besprechung der Persönlichkeitstypen schon gezeigt hat, liegen hinter den verschiedenen Vorstellungstypen tiefere allgemeinere Unterschiede.

Vorstellungen, die Empfindungen wiedergeben und die unmittelbar nach der Sinneswahrnehmung sich einstellen, nennt man primär. Später kann man Vorstellungen von früheren Vorstellungen haben usw.

Man sieht aus dieser Erörterung, wie beschränkt im Grunde die Möglichkeit einer Reproduktion im Sinne von getreuem Abbild ist und wie gut psychologisch gegründet die Einwände sind, die gegen eine Überspannung des Satzes: „Das Volk reproduziert, es produziert nicht" gemacht worden sind.

VII. Gefühlsleben

Das Gefühlsleben gehört zu den schwierigsten und meistumstrittenen Gebieten der Psychologie. Die neuere Gefühlstheorie[1], die vor allem von F. Krueger vorgetragen wird, geht darauf aus, daß jedes Erleben ganzheitlich ist, d. h. immer ist etwas mitverwoben, nämlich das Gefühlsmäßige, wovon das Bewußtsein des Erlebenden lückenlos erfüllt ist (117f.). Ein Teilbestand des gegenwärtig Erlebten nähert sich in seiner Qualität umsomehr dem Charakter der Gefühle, je mehr er von dem jetzt insgesamt Vorgefundenen umfaßt, andererseits, je weniger er in sich durchgegliedert und von dem Übrigen abgehoben ist. Die sämtlichen Teilkomplexe, Gestalten, Bezogenheiten, Leistungszusammenhänge, auch die relativ gesondert sich darbietenden Teilbestände, bleiben eingebettet in Erlebnisganzheit, im Gefühl (Krueger 119).

Verschiedene Forscher betrachteten die Gefühle als eine Art Empfindung, James, Lange, Ribot, Mach. Stumpf sah nur die von ihm Gefühlsempfindungen genannten, mehr geistigen Gefühle als etwas Selbständiges an. Aber diese Theorie konnte sich nicht durchsetzen. Bis jetzt ließ sich kein physiologisches Organ für derartige Empfindungen nachweisen, wohl aber ein enger Zusammenhang mit Veränderungen in den Funktionen des Blutkreislaufes, der Atmung, des Stoffwechsels, der inneren Sekretion. Und endlich kann man keine Vorstellung eines Gefühles erzeugen. Man muß ein neues Erleben haben. Spricht man von Erinnerungen an Gefühle, so meint man entweder wieder erlebte Gefühle oder sie sind leer (Aall 180). Deshalb wurden die Gefühle auch als selbständiges System innerhalb des Seelenlebens angesehen. Auch der Komplexcharakter der Gefühle war seit

[1] Fr. Sander, Zur neueren Gefühlslehre. Bericht über den 15. Kongreß der deutschen Gesellschaft für Psychologie 1937, 1ff.

langem erkannt: Es gibt kein Gefühl, das nicht mit einer Empfindung oder Vorstellung verbunden wäre; obwohl der Inhalt oder das Motiv nicht immer bewußt zu sein braucht.

Nach Kruegers Theorie ist bei psychologischen Erklärungen grundsätzlich davon auszugehen, daß Gefühle in allem psychischen Geschehen funktional führend sind und endlich, daß sie entwicklungsmäßig das Primäre sowie durchgängigst Bestimmende sind (111).

Mit der führenden Rolle der Gefühle hängt auch eine Erscheinung zusammen, die man als Irradiation bezeichnet. Gefühle färben sozusagen über auf andere Bewußtseinsinhalte (Aall 191). Der Platz, an dem man etwas Schönes erlebt hat, wird einem lieb. An sich gleichgültige Dinge, wie Geld, bekommen durch die Werte, die sie verschaffen können, Gefühlswert. Das Zimmer, in dem man Aufrüttelndes erlebt hat, will man nicht mehr betreten. Bei diesem Überfärben wird oft der eigentliche Zusammenhang nicht bewußt. Auch im Bereiche der Gefühle gibt es bedingte Reflexe, d. h. eine Erregung kann eine andere vertreten. Wirken ein emotionalwirkendes zugleich mit einem nicht emotionalwirkenden Objekt auf ein Subjekt, so kann das letztere oft schon nach einer einmaligen gemeinsamen Reizung dieselbe Gesamtreaktion hervorrufen wie das erstere[1]. Derartige bedingte Reflexe entstehen auch in zweiter, dritter und folgender Ordnung von neuem. Dadurch und noch mehr vielleicht durch den Umstand, daß das Gefühl ohne äußeren Reiz durch Gedanken erregt werden kann, ist der Mensch bis zu einem gewissen Grade unabhängig von äußeren Reizen. Abwesende, unwahrnehmbare Objekte können Gegenstand des Gefühls und damit der gesamten Seelentätigkeit sein; dadurch ist Wissenschaft, Religion und Kunst möglich. Auf dieser Eigenart beruht zum größten Teil die Symbolbildung, das volle Eintreten des einen für das andere. Diese Stellvertretung durch völlige andersartige Erscheinungen bei gleicher Wirkung ist schon von den Vorstellungen her bekannt und scheint eine Grundeigenheit des Seelenlebens

[1] Watson 214. Ranschburg, ZPs 1932, 354.

zu sein, ein Streben nach Ganzheit, nach lückenloser Erfüllung der möglichen Funktionen.

Man unterscheidet Einzel- und Dauergefühle, die man als Stimmung bezeichnet. Ist ein Gefühl erst angebahnt, so kann es leicht zunehmen in der guten wie unlustvollen Richtung. Man kann selbst seine Gefühle bis zur Ekstase steigern, oder einen anderen anstecken. Starke Gefühle sind sehr leicht übertragbar durch Ausdrucksbewegungen oder Ausdruckslaute, man merkt es besonders bei einfachen Leuten oder Kindern, die das kleinste Lächeln freudig erwidern und bei einem strengen Blick zu weinen beginnen. Die Übertragbarkeit der Gefühle — Sympathie — spielt eine nicht hoch genug abzuschätzende Rolle bei der Überlieferung von Sitten und Bräuchen durch die Älteren an die aufwachsende Jugend, überhaupt auf die suggestive Wirkung von gefühlsmäßig stark betonten Inhalten[1]. Damit verbunden ist gleichzeitig die Irradiation der Gefühle und eine eigenartige Rückwirkung eigener und fremder Gefühle, die z. T. in den Bereich des bedingten Reflexes gehört. Das fromme Gefühl beim Betreten einer Kirche, beim Anblick eines verehrten Heiligenbildes ist nicht zum wenigsten bedingt durch die ähnlichen Gefühle der anderen, die vorher und später an dieser Stelle andächtig, gläubig und gestärkt wurden und werden. Es ist als ob ein Schatz von Gefühlswerten in Gegenständen aufgespeichert sein könnte[2]. Bekannt ist diese Art der Gefühlsübertragung im Volksglauben. Aber es ist dies eine Tatsache, die nicht nur auf das Gebiet dessen, was man gemeinhin Volksglauben zu nennen pflegt, gehört. Alle Arten von Amuletten, Maskottes, die ja allgemein gebräuchlich sind, haben ihre Kraft und Bedeutung von derartigen Gefühlsübertragungen. Wie ein derartiger Talisman zu Macht und Ansehen gelangt, berichtet H. Tidemann (NdZVk. 13, 53). Eine Gesellschaft von Studierenden leistete sich einmal eine Flasche Sekt. Der Pfropfen wurde aufbewahrt und auf Anruf den Mitgliedern gegeben, wenn sie ins Examen stiegen. Auf diese Weise kam der Pfropfen an fast allen deutschen Hochschulen herum und soll, wie berichtet wird, allen geholfen haben. So

[1] Vgl. Geiger 6. [2] Vgl. Weiser-Aall, ZVk 5, 42f.

wuchs seine Kraft von Semester zu Semester. Es sei hier nur auf die Bedeutung des Gefühls für den sprachlichen Bedeutungswandel hingewiesen, über die eine gute Monographie vorliegt[1].

Im allgemeinen teilt man die Gefühle in zwei Grundarten Lust und Unlust (z. B. Ebbinghaus, Schumann, Titchener). Andere führen eine große Zahl verschiedener Grundgefühle an (Ziehen, Stumpf). Wundt rechnet mit einem dreidimensionalen System: Lust-Unlust, Spannung (Erwartung)-Lösung (Befriedigung), Erregung-Beruhigung. Doch gelangt man mit allen Einteilungen nie zu etwas anderem als höchst komplexen Erscheinungen.

Außer dem erwähnten allmählichen Anwachsen der Gefühle gibt es auch plötzliche Übergänge zum äußersten Gegensatz: himmelhoch jauchzend, zu Tode betrübt. Das Gefühl für einen und denselben Gegenstand kann zwischen den äußersten Gegensätzen (Liebe-Haß) hin- und herschwingen. Verschiedene Gefühlsqualitäten werden in den sogenannten Mischgefühlen erlebt: wohliger Schreck, unter Tränen lächeln (Humor), erhabene Trauer (Tragik) usw. Die Gefühle haben eine Dauer, hängen zusammen, bilden die Grundstimmung der Persönlichkeit. Ihre Wirkung hört nicht mit dem Erleben auf, sie bleibt im Gedächtnis. Waren die erlebten Gefühle lustvoll, so wird ihre Wiederholung erstrebt, waren sie unlustvoll, so sucht man sie in Zukunft zu vermeiden. So entsteht Begehren und Widerwillen; es ist dies eine Tatsache, die besonders klar vor Augen bringt, daß die jeweilige Bewußtseinslage immer im Zusammenhang mit der persönlichen Vergangenheit und Zukunft steht (Aall 184ff.).

Besonders starke, die anderen Bewußtseinsinhalte verdrängenden Gefühle heißen Affekt: Zorn, Wut, Jubel, Schrecken, Scham. Die ersteren treiben zur Tat und werden sthenische, die letzteren hemmen und lähmen und werden asthenische Affekte genannt. Eine gewisse Mittelstellung scheinen Überraschung und Verwunderung einzunehmen.

[1] Arbeiten zur Entwicklungspsychologie, herausgegeben von F. Krueger, Bd. 15; Arnim Bachmann, Zur psychologischen Theorie des sprachlichen Bedeutungswandels, 1935.

Hält sich ein Affekt längere Zeit, so spricht man von Leidenschaft. Sie hat das Übergewicht, überschattet das ganze Bewußtsein und bringt den Organismus aus dem Gleichgewicht. Dieser Zustand kann nicht verheimlicht werden, er zeigt sich deutlich durch Ausdrucksbewegungen und andere physiologische Veränderungen in der Atmung, Herztätigkeit, Blutdruck, der inneren Sekretion. Die physiologischen Veränderungen sind gut untersucht mit entsprechenden Apparaten. Die psychologische Deutung der Veränderungen ist jedoch sehr schwierig: sehr verschiedene Gefühle haben dieselben körperlichen Begleiterscheinungen, z. B. Rot- oder Bleichwerden. Versuche über Gefühle und entsprechende körperliche Veränderungen wurden vor allem von dem Dänen A. Lehmann, von dem Deutschen E. Weber und von der Norwegerin Helga Eng, neuestens vom Dänen H. J. Schou gemacht. Es zeigte sich, daß bei Lust die Atmung schneller und oberflächlicher, der Puls stärker und voller, aber langsamer wird. Bei Unlust wird der Puls meist schneller und schwächer. Es zeigen sich aber individuelle Unterschiede, und Abweichungen werden auch durch die verschiedenen Anlässe der Unlust hervorgerufen. Meist wird aber die Atmung unregelmäßig oder kann sogar aussetzen, wenn ein Mensch in starke Aufregung gerät.

Im allgemeinen vertragen Gefühle keine Selbstbeobachtung. Versucht man sein Gefühl zu zergliedern, so wird es schwächer und verändert sich. Die Gedanken, die man sich macht, sind verwoben mit neuen Gefühlen, die die früheren verdrängen können (Aall 187). Auf diese Weise kann man bei Unlustgefühlen entweder durch bewußtes Ablenken der Gedanken das Unlustgefühl überwinden oder durch bloßes Denken an das Gefühl selbst. Das Singen oder laute Sprechen, Beten bei Angst ist eine unbewußte Anwendung dieser psychologischen Methoden. Diese Tatsachen bilden auch den wahren Kern in den sonst überspannten Lehren der Mind Cure und Christian Science usw.

Eigenheiten der Gefühle

Meist brauchen Gefühle eine gewisse Zeit sich zu entfalten, ähnlich wie beim Verletzen oft zunächst ein Stoß und erst etwas später der eigentliche Schmerz empfunden wird; so braucht auch z. B. ein erfreuliches Erlebnis eine gewisse Zeit, um das Gefühl zu wecken. Das Gefühl wächst verhältnismäßig langsam bis zu seinem Gipfel. Auf dem Gipfelpunkt hält es sich nicht lange, sondern sinkt ziemlich rasch ab bis zu Unlustgefühlen (Ermüdung), viel weniger rasch ist der Abfall von Unlust zu Lust. Doch sind diese Gefühlskurven verschieden bei verschiedenen Inhalten.

Um den kurzen Gipfelpunkt der Lust und Freude auf alle mögliche Arten zu verlängern, haben die Menschen vielerlei Mittel ersonnen, gerade die Volksfeste liefern guten Anschauungsstoff für diese Kunst. Der Gefühlsrhythmus ist aber ein Schutz gegen Übertreibungen und wirkt regelnd auf alle Lebensvorgänge.

Eine längere Dauer oder Wiederholung gleicher Reize kann zur Gefühlsabstumpfung führen.

Man hat, um die Gefühle zu beschreiben, zwei Arten unterschieden 1. sinnliche Gefühle, die sich unmittelbar an die Betätigung eines Sinnes anschließen, also Bestandteile der Wahrnehmung sind, und die in der Vorstellung der betreffenden Wahrnehmung erneuert werden. Besonders deutlich sind die Gefühle bei den Wahrnehmungen der sogenannten niederen Sinne, beim Geruch, Geschmack, Organempfinden, Temperatur- und Berührungssinn. Bei Gehör und Gesicht dagegen sind die Gefühle des erwachsenen Menschen oft mehr mit gedanklichen Inhalten verwoben. Aber es gibt auch bei Erwachsenen unmittelbare Farben- und Tonfreude. 2. Geistige Gefühle. Auch bei Wahrnehmungen sind es oft die begleitenden Vorstellungen oder Gedanken, die die Gefühle bestimmen. Das Denken kann bewirken, daß die Freude vergeht, oder auch daß Unlust behoben wird. In vielen Fällen ist es die Gewohnheit, Erziehung, das Urteil der anderen, die mit ihren Gefühlskomplexen ausschlaggebend wirken. Das sieht man auch bei dem scheinbar sinnlichen Genuß des Alkoholes. Was im Rausche angestrebt wird, ist sehr oft Vergessen unlustvoller Vorstellungen mit dazugehörigen Gefühlen, die hemmen und das Leben erschweren.

Bei der Mannigfaltigkeit der Gefühle, die mit den jeweiligen Bewußtseinslagen verbunden sind, ist es nicht möglich, eine genügende Beschreibung zu geben. Es seien hier nur einige Haupteigenschaften hervorgehoben: 1. Gefühle, die sich auf das Ichleben beziehen. Sie betreffen das Wohl und Wehe des Erlebenden und werden sehr leicht auf Personen, Gegenstände, Ereignisse der Umgebung, die zu schaden oder zu nützen scheinen, übertragen. Weitere Ichgefühle sind Funktionsgefühle (Muskeltätigkeit), geistige Funktionsgefühle, Aktivitätslust. Besonders nahe mit dem Ich sind die Selbstgefühle, die zusammen das Selbstgefühl ausmachen, geknüpft. Das Selbstgefühl ist immer eine Allgemeinanzeige der seelischen Lage eines Menschen (Häußler-Redl 93). Für die volkskundliche Betrachtung sind die sogenannten „Dugefühle" von größter Wichtigkeit. Für den Volksglauben sind daneben fast ebenso wichtig die „Fremdgefühle" gegenüber der Natur und allerhand bösen Mächten, wie das eigentlich religiöse Duerlebnis. Die Dugefühle der Liebe zwischen Menschen, Liebe zur Heimat, zum Vaterland sind gleichzeitig soziale Gefühle. Zu den sozialen Dugefühlen gehören auch Einfühlung und Mitleid. Die Einfühlung kann sich bis zur persönlichen Gleichsetzung (Identifikation) steigern, ein Gefühl, das verschiedenen Kulten zugrunde liegt. Vor allem gehört hierher das Masken- oder Besessenheitserlebnis. Der Maskierte stellt das Darzustellende nicht einfach dar, er ist selbst das Dargestellte. Ein Beispiel mag das klarmachen. Ein Reisender erzählte, er habe einem Schamanen einen Handschuh aus Bärenfell unvermutet über die Hand gezogen. Entsetzt starrte der auf seine veränderte Hand, begann zu brummen und sich wie ein Bär zu bewegen. Er beruhigte sich erst als ihm der Handschuh abgezogen wurde. Wieweit bei derartigen Identifikationen die Überlieferung, das Wissen um Masken mitspielt, ist nicht ganz klar. Es scheint sich aber am ehesten um ein Urerlebnis zu handeln, wie man leicht an Kindern beobachten kann. Wissen und Überlieferung mag eher nur eine anregende und verstärkende Wirkung haben. Die Möglichkeit des Maskenerlebnisses ist tief verankert im Seelenleben durch die Vertauschbarkeit von Reizen und die Stellvertretung durch andersartige Erlebnisse. Wie beim echten Symbolerlebnis ist für den Erlebenden ein Zeichen (Maske oder Geberde) und das damit Gemeinte ein unzertrennbares Ganzes, dessen verschiedene Teilkomplexe daher dieselbe gefühlsmäßige Wirkung haben. In anderen Fällen sind auch die ebengenannten Gefühle stark von der Überlieferung und von der Beurteilung durch andere beeinflußbar. Das leitet zu Gefühlserlebnissen über, die man auch Wertungen nennt. Diese sind entweder stark gefühlsbetont oder verstandesmäßig, wobei sogar nur ein Wertwissen, wie bei Vorschriften über gutes Benehmen, ausschlaggebend sein kann. Noch deutlicher wird die Wirksamkeit des Wertwissens, wenn sich starke Widersprüche einstellen, weil es einerseits um ein Ideal, andererseits um Tod und Leben geht, überall da, wo sich ein Mensch in Pflichterfüllung dem Tod aussetzt. Man unterscheidet gewöhnlich nach dem subjektiven Grundmaßstab der Wertungen hedonistische Werte auf sinnlichen Gefühlen fußend (Hedone=Vergnügen) und eudaimonistische (Eudaimonia=Glück) auf geistigen, schließlich utilitaristisch vom Nützlichkeitsstandpunkt ausgehend, ohne dabei selbstisch sein zu müssen. Andere Wertungen suchen überpersönliche Maßstäbe, so die ästhetische, logische und ethische. Nach Kant und Schiller ist ästhetisches Verhalten interesseloses Wohlgefallen, m. a. W. etwas schön zu finden, ohne es zu begehren. Zunächst handelt es sich dabei um Funktionsgefühle, dazu kommen Wertgefühle, Wissen um Überlieferung, Wissen um die Gefühle der anderen. Derartige Gefühle können Affektcharakter annehmen, man denke auch an die Rolle der Schönheit bei der Liebeswahl.

Logische Wertungen tragen einen sachlichen Charakter, veranlassen aber starke, vor allem intellektuelle Gefühle, in denen sich die tiefsten Erlebnisse der geistigen Persönlichkeit entfalten[1]. Ein Teil der Freude am Witz, an Erklärungen, an jeder Aufgabenlösung beruht auf ihnen. Auch diese Art

[1] Thomas Parr, Der intellektuelle Eigenwert der Gefühlsbetonung 1923.

von Gefühlen spielen eine Rolle in der Volksüberlieferung, beim Rätsel, Schwank, Märchen, Heldensagen, Erklärungssagen, Lebensgeschichten volkstümlicher Helden.

Ethische Wertungen beziehen sich auf das Handeln der Menschen, die als gut oder böse aufgefaßt werden. Bei diesen Wertungen kommt es besonders stark auf das Wissen um Werte, das Überlieferte an. Ihren letzten Grund haben diese Überlieferungen auch in Gefühlen, die jedoch völlig vergessen, d. h. nicht mehr nacherlebbar sein können. Mit den ethischen Werten ist bereits das eigentliche Gefühlsleben verlassen und das Gebiet des Willens betreten.

Einige Eigenheiten des Gefühlsleben schließen wichtige Möglichkeiten in sich. Gefühle können durch Gewöhnung gestärkt, also lieb werden, das heißt mit anderen Worten, das Gefühlsleben kann dauernd beeinflußt, erzogen werden. So wie einst das Gefühl für Volksglauben und alte Überlieferung durch Christentum und Aufklärung, durch die neuere „Zivilisation" geschwächt wurden, so werden diese Gefühle jetzt wieder gepflegt und erstarken. Dies ist nur ein Beispiel innerhalb dieses großen Gebietes der Erziehung und Veredlung der Gefühle. Schon erwähnt wurde aber auch die negative Übung der Wiederholung der Gefühle; das zu oft Erfahrene wirkt banal (Aall 193).

VIII. Willenserlebnisse

1. Instinkthandlung.

Die Willensregung ist immer von Gefühlen umwoben, ein Satz, den man nicht umkehren kann[1]. Bei der Beschreibung der Gefühle war zweimal von Erlebnissen die Rede, die einen Übergang zu Willenserlebnissen darstellen. Das erste Mal bei den Gefühlen, deren Wiederholung erstrebt wird, beim Begehren; das zweite Mal bei den Wertungen. Beide Erlebnisse führen leicht zum Handeln. Der Wille muß wohl als eine Verbindung von Vorstellung und Gefühlen betrachtet werden. Die Ursache einer derartigen Verbindung ist der natürliche Bewegungs- und Tätigkeitsdrang zur Erhaltung und Förderung des Lebens.

Die einfachste Form der Handlung ist die Triebhandlung. Trieb oder Instinkt nennt man ererbte Bedürfnisse. Sie äußern sich im Drang etwas zu tun, die begleitenden Gefühle der Unlust zu beheben; die Lust zu befriedigen. Die Frage, was ein Instinkt eigentlich sei, ist noch ungelöst. Meist werden Instinkte als Ursache von unbewußten Handlungen angesehen, im Gegensatz zur vorsätzlichen und bewußten Willenshandlung. Es gibt aber noch eine Art von Handlungen, die ohne Kontrolle der Gedanken ausgeführt werden, ohne Instinkthandlungen zu sein: Gewohnheits- oder automatische Handlungen. Instinkte sind nicht anerzogen, sondern ihre Grundlage ist ererbt. Instinktbewegungen sind Bewegungen, die man in der Physiologie Reflexbogen nennt, die also unter Ausschluß der Hirnrinde zustande kommen. Der Erwachsene kann teilweise seine instinktiven Antriebe beherrschen, zurückdämmen. Es werden zahlenmäßig sehr verschiedenartige Instinkte von den verschiedenen Forschern aufgezählt, doch können sie im allgemeinen auf zwei Grundformen zurückgeführt

[1] F. Krueger, Der strukturelle Grund des Fühlens und Wollens. Bericht über den 15. Kongreß der deutschen Gesellschaft für Psychologie, 1937, 184.

werden: Selbsterhaltung mit Geschlechts- oder Arterhaltungstrieb und Nahrungstrieb.

2. Willenshandlung.

Das entscheidende Merkmal der Willenshandlung ist die Zielsetzung. Der Gedanke an das Ziel formt die zweckmäßige Bewegung oder Handlung zu dessen Erreichung. Die Wirkung der Zielvorstellung, nämlich eine Verwirklichung des Zieles herbeizuführen, nennt man Determination (determinierende Tendenzen). Das schließt in sich, daß Willenshandlungen normalerweise sinnvoll sind (Ach, Wille 143 ff). Zu den wesentlichen Eigenheiten der Determination gehört auch die Gestaltung der Mittel zur Erreichung des Zweckes, darunter das Schaffen neuer Mittel. Von besonderer Bedeutung ist die Lenkung der Aufmerksamkeit durch die determinative Wirkung, indem die Aufmerksamkeit alle die Bewußtseinsinhalte hervortreten läßt, die für die Erreichung des Zieles wichtig sind. Wird die Determination nicht realisiert, bleibt die Willenshandlung unvollendet, so haben Versuche gezeigt, daß die determinierenden Tendenzen wirksam bleiben und versuchen, eine Vollendung der Handlung im Sinne der Zielvorstellung herbeizuführen. Wurden bei Versuchen verschiedene Aufgaben gestellt, und die Ausführung von einigen derselben unterbrochen, so wurden bei späterer Befragung vozugsweise die unerledigten Aufgaben erinnert. Diese Tatsache scheint einer Reihe von Sagenmotiven zugrunde zu liegen. Man denke an die tote Mutter, die in der Nacht wiederkehrt ihr Kind zu stillen. Gerade dieses Beispiel zeigt auch, wie die triebhafte Grundlage der Willenshandlung erfaßt und dichterisch ausgewertet ist. Ein Mensch, der sein Recht im Leben nicht erreicht hat, geht um, muß seine begonnene Willenshandlung vollenden. Der Missetäter, der seine Strafe im Leben nicht erreicht hat, erscheint nach dem Tode und muß seine Untat offenbaren. Die Voraussetzung für dieses Motiv ist, daß der Untäter nach Urteil und Strafe dürstet.

Der Gedanke an das Ziel muß klar und bestimmt sein, es dürfen auch nicht zu viele Gedanken mit im Spiele sein, sonst kommt es nicht zur Ausführung, zur Willenshandlung. Neben Konzentration wirken Gefühle, Begehren. Die treibenden Gefühle hängen meist mit den verschiedenen Formen des Selbsterhaltungstriebes zusammen, aber beruhen besonders im Alltag auf Wertsetzungen, deren instinktive Grundlage nicht mehr erkennbar ist. Es sind also Gefühle, Gedanken, die irgendwie strebend oder abwehrend wirken. Bei Gedanken und Gefühlen, die unabhängig vom Aktivitätsdrang sind, kommt es nicht zur Handlung.

Man spricht von Willensstärke. Dieser Begriff wird von der fortschreitenden Typologie erst noch geklärt werden müssen, denn er ist nur von der Gesamtpersönlichkeit aus zu verstehen. Fähigkeit der Konzentration und Beherrschung der Gefühle ist hier wichtig. Im allgemeinen weiß man seit langem, daß der Willensmensch sich nicht von seinen Gefühlen überwältigen läßt, wozu die integrierten Typen nach Jaensch oder die Extravertierten nach Jung besonders leicht neigen. Der I_1-und Synästhetiker-Typus handelt nicht mit langsichtigen Zielen vor Augen. Die Stärke der Willenskraft kann durch perseverative Veranlagung (Introvertierte oder Desintegrierte) bedingt sein, da auch Determinationen perseverieren können (Ach, Wille 210, 319). Besondere Umstände, z. B. die Gruppe und ihre Solidarität, wirken als besonders starkes Motiv für die Willensanspannung (Ebd. 395 f.). Versuche von Moede (Experimentelle Massenpsychologie) zeigen, wie 12—14 jährige Knaben im Wettkampf mit anderen, ihre Fähigkeit Schmerz auszuhalten, durchschnittlich um 13 bzw. 37 % bei selbstgewählten Gegnern steigern können. Beim Wettkampf von Gruppen ist jeder noch mehr bestrebt, die Leistung seiner Gruppe hochzuhalten. Auch diese Tatsachen müssen typologisch noch näher untersucht werden. Typologische Unterschiede scheinen die von Moede hervorgehobenen Tatbestände beeinflußt zu haben, daß die bessere Hälfte der Versuchspersonen minder gute Leistungen in der Gruppe gegenüber ihren Einzelleistungen zeigen, während die minder gute Hälfte der Vp. in der Gruppe in ihren Leistungen steigt.

Diese Tatsache der gesteigerten Willenskraft in der Gruppe haben die meisten Völker seit alter Zeit bei der Erziehung und Ausbildung ihrer Jungmannschaft ausgenutzt. Gerade auch die von Moede gewählten Proben gehören überall und immer zu den Proben der Jünglingsweihen und sind in neuester Zeit z. T. auch in die sportliche Erziehung übergegangen.

Nach Versuchen von Ach (Wille 201 ff.) wird der Willensakt durch folgende vier Momente, wovon die zwei ersten besonders wichtig sind, gekennzeichnet. 1. Das gegenständliche Moment des Vorsatzes mit dem Inhalt der Aufgabe; 2. das aktuelle Moment, „ich will wirklich", wobei die Ichseite des seelischen Geschehens besonders hervortritt; 3. das anschauliche Moment, Spannungsempfindungen; 4. das zuständliche Moment, Bewußtseinslage der Anstrengung. Nach der dynamischen Seite ist der Willensakt dadurch gekennzeichnet, daß er durch Willensanspannung auch starke Hemmungen überwindet und die Verwirklichung des Gewollten erreicht. Das Ich erscheint dabei dem Erlebenden als Ursache der Handlung. Aus wiederholten Willensakten kann sich nach und nach das Bewußtsein: „ich kann durchführen, was ich will", entwickeln. Im Märchen von den zwölf Brüdern ist diese psychologische Tatsache wunderbar ergreifend ausgedrückt. Die Schwester zeigt schon durch das Verlassen ihres Heims und das Suchen ihrer Brüder hohen Mut und Willensstärke. Als sie dann die schwere Willensprobe erfährt, durch die allein die Brüder erlöst werden können: „Du mußt 7 Jahre stumm sein, darfst nicht sprechen und nicht lachen und sprichst Du ein einziges Wort und es fehlte nur eine Stunde an den 7 Jahren, so ist alles umsonst und deine Brüder werden von dem einen Wort getötet", da sprach das Mädchen in seinem Herzen: „Ich weiß gewiß, daß ich meine Brüder erlöse." Erlebnisse der Willensanspannung, der Überwindung von Hemmungen und Zielerreichung bilden den Inhalt einer großen Anzahl von Märchen, besonders in denen der Lebensabschnitt des Helden vom Austreten der Kinderschuhe bis zur Heirat, also die obenerwähnte Zeit der Erziehung und der Proben, behandelt wird (Weiser, Jünglingsweihen 71). Das Bewußtsein des Könnens beruht auf wiederholtem Erleben von Willenshandlungen. Das besagt, daß der Wille geübt werden kann.

Die Willenshandlung wird entweder durch einen äußeren oder inneren (Gedanke) Reiz ausgelöst. Die gesamten bewußten und unbewußten psychonomen Antriebe oder Beweggründe nennt man Motivation, die einzelnen Antriebe Motive (Ach, Wille 340). Die Motivation der Willenshandlung gehört zu den schwierigsten und undurchsichtigsten Gebieten des Erlebens. Sehr oft erweist sich der für den Erlebenden bewußte Beweggrund als Scheinmotiv. Außer Scheinmotiven kann man zwischen oberflächlichen und tiefen, die ganze Person ergreifenden, Motiven, scheiden, zwischen subjektiven (persönlichen) und sachlichen (objektiven). Auch bei der Motivation tritt der typologische Unterschied der Menschen stark hervor. Bei introvertierten, desintegrierten Menschen ist der Anreiz, die treibende Kraft, die von schwierigen Aufgaben ausgeht, besonders stark. Extravertierte, Integrierte dagegen bevorzugen leichtere Aufgaben (Schwierigkeitsgesetz der Motivation, Ach, Wille 346 ff.). Einige Motive seien erwähnt. Schon genannt wurden Lust und Unlust, Wetteifer (Ehrgeiz), ferner Hunger, Anspruchsniveau. Unter dem letzten versteht man die Bereitschaft, das Ziel auf einer Höhe zu halten, die dem eigenen Können und der jeweiligen Situation entspricht. Auch dieses Motiv ist typologisch verschieden wirksam, außerdem ist zwischen fiktivem und wirklichem Anspruchsniveau zu scheiden (Ach, Wille 399 ff.).

Alle kennen den Widerstreit verschiedener Motive, bis ein Motiv sich vordrängt; Überlegung, Wahl und Entschluß sind Namen für diese inneren Vorgänge. Es ist möglich, daß ein Willensvorgang sich nicht in Handlung umsetzt, sondern in ein Urteil, einen Gedanken, dabei ist es die Zielvorstellung, die dieses Ergebnis als Willensakt kennzeichnet. Zwischen dem Motiv und der endgültigen Handlung besteht ein festes Ursachenverhältnis. Die Motivation hat drei Hauptquellen: 1. die schon öfter erwähnte angeborene Veranlagung (Typus); 2. Erziehung und Umgang; 3. jederzeit äußere und innere Ereignisse (Aall, Psykologi 292, 298).

IX. Verdrängung

Schon vorher wurde das Weiterwirken der Determination, bei abgebrochener Willenshandlung erwähnt. Viele Wünsche und Antriebe, die große Macht über den Sinn haben, werden als unerfüllbar oder unzulässig beiseitegeschoben und unterdrückt, werden nicht realisiert, nicht abreagiert. Derartige verdrängte Komplexe arbeiten heimlich in der Selee weiter[1] und machen sich Luft im Traume oder dadurch, daß anstelle des ursprünglichen Wunsch- oder Triebobjektes eine stellvertretendes Symbol gesetzt wird. Auch im Traume treten die heimlichen Wünsche verkleidet, symbolisch auf. Die Hemmung von Willensrichtungen ist eine wichtige Wurzel der Symbolbildung (Weiser-Aall, ZVk 5, 25).

[1] Verdrängte Triebe und Wünsche bilden oft den Anlaß zu Neurosen.

X. Gedächtnis

1. Unmittelbares Behalten

Ein Teil der zum Gedächtnis gehörenden seelischen Erscheinungen wurde schon besprochen und damit eine Grundeigentümlichkeit des Seelenlebens beleuchtet: Nämlich die Tatsache, daß jedes gegenwärtige Erleben durch nicht gesondert für sich wahrgenommene Nachwirkungen früherer Erlebnisse beeinflußt ist. Diese Erscheinung der Vergangenheitsabhängigkeit wurde von E. Hering zuerst beschrieben und von Semon Mneme genannt. Zur Mneme im weitesten Sinne gehören Vererbung, Körperbeschaffenheit, Anlage, Umwelt, Übung usw. Zuerst seien die unbewußten Gedächtnisfunktionen besprochen. Nicht alle Erlebnisse wirken merkbar fort, es findet eine Auslese statt. Die Wirkung kann gleichartig (adäquat) sein, so daß man bei häufiger Wiederholung einer Leistung, z. B. beim Schreiben, immer besser schreiben kann. Die Wirkung kann aber auch ungleichartig (inadäquat) sein. Wenn ein Student der Volkskunde eine volkskundliche Sammlung sieht, so kann das bewirken, daß er dann die Vorlesungen besser versteht, sich den Stoff viel lebensvoller aneignet. Die Wirkung kann unmittelbar folgen, oder aber nach kürzerer oder längerer Zeit. Die Fähigkeit, Erlebnisse nach langer Zeit wieder aufleben zu lassen, ist eine wesentliche Eigenschaft des menschlichen Seelenlebens. Die Länge des dadurch überbrückten Zeitraumes ist entwicklungsgeschichtlich bedeutsam. Bei Tieren sind spontane Gedächtnisleistungen nur über kurze Zeiträume möglich. Auch bei Kindern wächst die Fähigkeit, längere Zeiträume gedächtnismäßig zu überspannen, erst nach dem zweiten Jahre langsam an (Stern, APs. 258). Man hat versucht die Nachwirkung und das Wiederauftauchen früherer Erlebnisse dadurch zu erklären, daß sie eine „Spur", „Residuen" oder Reste hinterlassen, die beim gegebenen Anlaß das frühere Erlebnis wiederherstellt. Physiologisch spricht man auch von ausgefahrenen Nervenbahnen, in der Biologie nach Semon von Engrammen. Doch sind diese Spuren nicht als gleichbleibende Inhalte zu denken, sondern im wesentlichen als Dispositionen. Nur zu geringem Teil kann davon die Rede sein, daß frühere Eindrücke als Vorstellungen im Bewußtsein verharren, gleichsam schlafen, da, wie gezeigt wurde, Vorstellungen nur in geringem Grade Bilder von aufgespeicherten Wahrnehmungen sind. Bei den Vorstellungen wurden schon die Formen des unmittelbaren Gedächtnisses genannt. Die erste Stufe ist das NB, das bei Nichteidetikern durch die Weiterfunktion des erregten Organes bedingt ist (bei Eidetikern wirken schon beim NB zentrale Faktoren mit, s. Kopfneigungsversuch, Anhang S. 115) Die nächste Stufe ist das von Jaensch so genannte AB, dem das Vorstellungsbild, schließlich die Vorstellung folgt.

Eine Erscheinung, die nur teilweise dem unmittelbaren Gedächtnis angehört, ist die Perseveration. Der Ausdruck deutet auf Festhängen und Sichdurchsetzen. Manche Eindrücke bekommen durch Wiederholung oder Eindringlichkeit eine besonders große Bereitschaft wiederaufzutauchen, sobald nur andere Erlebnisse etwas nachlassen. Sie arbeiten also halbbewußt oder unbewußt weiter. Am bekanntesten ist wohl die Tatsache, wie eine Melodie immer wieder in Denk- oder Arbeitspausen sich vordrängen kann. Man könnte mit A. Aall (Psykologi 225), da die Eindrücke oft gleich nach der Wahrnehmung perseverieren, die Erscheinung mit dem Nachbild vergleichen. Doch unterscheidet sie sich davon, daß sie viel länger anhält und die Gesamthaltung des Individuums stark prägen kann. Viele Gewohnheiten in Ausdrucksweise, Bewegungen beruhen auf Perseveration motorischer Impulse. Die Perseveration wirkt besonders bei Ermüdung. Es fällt z. B. sehr schwer, wenn man müde ist, etwas ausführlich zu erklären, man bleibt leicht bei einer Formulierung hängen, die man mehrmals wiederholt.

Bei Wiederholung von Eindrücken entsteht das V e r t r a u t h e i t s e r l e b n i s. Dieser Ausdruck von Stern ist m. E. dem von Höffding geprägten, der diese psychologische Erscheinung zuerst beschrieben hat, Namen „Bekanntheitsqualität" vorzuziehen. Das stark stimmungsmäßige und unklar Gefühlsbetonte des Erlebnisses etwa im Geborgensein, Heimatsgefühl, Liebe zum Hergebrachten, kommt besser darin zum Ausdruck. Beim Kleinkind ist beim Vertrautheitserlebnis zunächst von einem „Erkennen" noch keine Rede.

Auf diesem Gebiet gibt es eine merkwürdige Täuschung: Ein völlig neues Ereignis weckt das Vertrautheitserlebnis und wird als schon einmal erlebt empfunden. Man nennt diese Erscheinung Bekanntheitstäuschung, fausse reconnaissance, déjà-vu-Phänomen. Eine völlig befriedigende Erklärung scheint dafür noch nicht gefunden zu sein. Es gibt einige Fälle (Fröbes 2, 179f.), in denen nachträglich ein früheres Erlebnis als Ursache festgestellt werden konnte. Lindworsky (ZaPs 15, 1909) hat einige Fälle durch Müdigkeitserscheinungen geklärt. Aber damit ist noch keine zureichende Erklärung gegeben für viele andere Fälle, bei denen weder Müdigkeit oder ein traumhafter Zustand (von dem oft bei derartigen Erlebnissen die Rede ist) vorhanden war. Nicht immer bezieht sich die Erscheinung auf Vergangenes, sondern auch auf die Zukunft; man kann auch das Gefühl haben, daß etwas Bestimmtes geschehen wird, das dann wirklich eintritt. Jaensch (Grundformen 181) berichtete von der Vp. H., die häufig Déjà-vu-Erlebnisse hat. Im vergangenen Winter ging H. die Ketzerbach hinab. Er sah auf einem Dach die Luke geöffnet. Da wußte er, gleich erscheint ein Mädchen und wirft einen faulen Apfel heraus. Er hatte kaum den Gedanken gedacht, da kam das Mädchen und warf einen faulen Apfel auf die schlittenfahrenden Kinder. Auch sonst „weiß" er, wenn er die Augustinergasse heraufkommt, daß im nächsten Augenblick ein Mädchen oder ein Mann um die Ecke kommt. (Ohne traumhafte Zustände.) Nach Bergson kommt das Déjà-vu dadurch zustande, daß im Augenblick der Wahrnehmung, Wahrnehmung und Erinnerung auseinandertreten (Jaensch, Grundformen 81). Es ist dies eine Auffassung, die, allerdings mit einer anderen Erklärung wie Bergson sie gibt, m. E. recht einleuchtend erscheint und die ich folgendermaßen auffassen möchte. Jedes Erlebnis braucht eine gewisse Zeitspanne, um auszuklingen und bei jeder Wahrnehmung kann ein kurzer Zustand bewußt werden, in dem man nicht mit Sicherheit angeben kann, ob die Wahrnehmung schon zu Ende sei und die Nachwirkung, sei es als Nachbild oder Vorstellung, schon begonnen hat. Diese Erscheinung nennt Stern „Zeithof" (APs. 269 f.). Zum Augenblick des Erlebens gehört dieser Zeithof mit, also auch, wie Stern es ausdrückt, ein Stück Zukunft. Es scheint mir in der Tatsache des Zeithofes die Möglichkeit zu liegen, daß, wie Bergson mit anderer Begründung meint, Wahrnehmung und Erinnerung auseinandertreten kann, daß bei der Nachwirkung die eigentliche Wahrnehmung bereits als Erinnerung bewußt wird. Schwieriger liegt die Sache bei dem Vorauswissen vielleicht auch nicht, vielleicht sind das Fälle, bei denen die Nachwirkung als Wahrnehmung und die vorausgegangene Wahrnehmung für eine Vorstellung, ein Wissen, gehalten wird. Auch Jaensch vermutet, ohne genauer darauf einzugehen, daß bei dieser Erscheinung eine zeitliche Verschiebung stattfindet. Diese Hypothese beleuchtet aber nur eine Seite der Sache, es scheint sich in der Hauptsache doch um Gefühlsübertragungen zu handeln (Stern, APs. 280). Doch ist eine derartige Übertragung nicht immer vollständig, es stellt sich oft neben dem Vertrautheitsgefühl eine Unsicherheit, gelegentlich Angst ein, daß mit dieser Vertrautheit etwas nicht in Ordnung sei. Das Erlebnis ist nicht krankhaft, erst wenn es sehr häufig auftritt, lange andauert, gehört es in das Gebiet der Pathologie.

Für die Volkskunde ist die Erscheinung von großer Wichtigkeit und es gibt hier noch vieles aufzuklären. An einen möglichen Zusammenhang zwischen Déjà-vu und dem zweiten Gesicht hat man m. W. noch nicht gedacht, obwohl der Gedanke naheliegt. Auch das Gegenstück, die Entfremdung, die auch gesunden Menschen eine gewohnte Lage plötzlich fremd und unheimlich erscheinen läßt, gehört hierher. Diese Erlebnisse sind in Märchen und Sagen geschildert. Besonders starke Erlebnisse des falschen Vertrautheitsgefühles können den Glauben aufkommen lassen, das Erlebte müsse von einem früheren Leben her bekannt sein. Es ist wohl anzunehmen, daß hier eine der psychologischen Quellen liege, aus denen Lehren der Praeexistenz, der Seelenwanderung und ewigen Wiederkehr erwachsen (Stern, APs. 281).

2. Höhere Gedächtnisstufen

Die Vorstellungen wurden schon oben besprochen. Als ein wesentliches Merkmal sei hier noch einmal hervorgehoben, daß Vorstellungen Wahrnehmungen und andere Erlebnisse vergegenwärtigen, also Erlebnisse, die nicht jetzt, sondern vorher, nicht hier, sondern irgendwo erlebt wurden oder erst erlebt werden werden. In diesem Zusammenhang ist die Vergegenwärtigung früherer Erlebnisse wichtig: Die Vorstellung ist eine Gedächtnisleistung. Für die Volkskunde hat ein wichtiger Teil der Gedächtnistätigkeit keine große Bedeutung, nämlich der Lernvorgang. Dieser Teil kann daher hier wegbleiben und nur die Erscheinungen besprochen werden, die für die Beurteilung der mündlichen Überlieferung Bedeutung haben.

Es ist immer wieder hervorgehoben worden, daß die Menschen in früherer Zeit im allgemeinen ein besseres Gedächtnis gehabt haben[1] und daß Tiefkulturvölker ein besseres Gedächtnis haben als Hochkulturvölker. (Von Menschen mit besonders gutem Gedächtnis in alter und neuer Zeit wird dabei abgesehen.) Rechnet man die Ruhe des früheren Lebens verglichen mit der Fülle von überstürzenden Eindrücken des modernen, vor allem städtischen Lebens ab, so sind derartige Ansichten falsch. Nicht die Fähigkeit des Erinnerns, sondern die Einstellung dem Stoff gegenüber hat sich geändert. In einer buchlosen und bucharmen Zeit spielte das Bewußtsein, Überlieferung und Ereignisse könnten unwiederbringlich vergessen werden, eine große Rolle. A. Aall hat durch Experimente gezeigt, welche Bedeutung die Zeitperspektive für die Dauer der Gedächtnisbilder hat, die persönliche aktive Einstellung ist das Bewahrende[2]. Die persönliche Einstellung ist aber auch sonst, ohne besondere Rücksicht auf die Zeit, das Ausschlaggebende. C. F. Bartlett hat die Meinung, Tiefkulturvölker hätten ein besonders gutes Gedächtnis, widerlegt. Er unter-

[1] Z. B. Friedrich von der Leyen, NdZVk 13 (1935), 51. [2] Ein neues Gedächtnisgesetz? ZPs 66 (1913). Die Bedeutung der Zeitperspektive für die Dauer der Gedächtnisbilder. Bericht über den V. Kongreß für experimentelle Psychologie 1912. Spätere Experimente kommen zu ähnlichen Ergebnissen. F. O. Bowell und W. S. Foster, American Journal of Psychology 1916, vol. 7, Nr. 3. Vgl. Liestøl, Upphavet til den islendske aettesaga 109 ff.

suchte einen Bantustamm des südöstlichen Transvaal. Bei den gewöhnlichen Gedächtnisproben schnitten die Eingeborenen nicht gut ab. Aber sobald er sie auf einem Gebiet, das ihren Lebensunterhalt, ihre ureigenste Arbeit, die Viehzucht angeht, prüfte, war es anders. Ein Hirt wußte alle Einzelheiten über Kauf und Verkauf über eine große Anzahl von Tieren während des letzten Jahres. Er berichtete ohne zu zögern und fast fehlerlos. Doch konnte Bartlett dieser verblüffenden Leistung eine ebenso gute zur Seite stellen, als er einen englischen Ingenieur eine Karte zeichnen ließ, über ein Gebiet, das er ein Jahr vorher bearbeitet hatte. Bei diesen Beispielen war die persönliche Einstellung zum Stoff, nicht etwa das besonders gute Gedächtnis des Bantunegers oder des Ingenieurs, Ursache der erstaunlichen Gedächtnisleistung. Diese Einstellung ist aber deutlich sozial bedingt durch den Beruf, die Arbeit in der Gemeinschaft.

Gerade die soziale Seite der Gedächtnistätigkeit[1] für ältere Zeiten darf nicht unterschätzt werden. Den eigentlichen Gedächtnisstoff bildet alles zum Lebensbedarf Gehörige, der Glaube und das Brauchtum der Volksgemeinschaft. Hierbei spielt die Gefühlsbetontheit dieser Erlebnisse die größte Rolle. Gefühlsbetonte Erlebnisse haben einen Vorrang im Gedächtnis. Messer spricht geradezu von einer „konservierenden Macht der Gefühle“ (Sander 42f.). Würdemann hat den Einfluß des Gefühls auf die Gedächtnisleistung auch experimentell nachgewiesen. Auf die Rolle des Trieb- und Gefühlslebens für Gedächtnisleistung wirft das Verhalten eines gasvergifteten Mannes neues Licht[2]. Er hat seine Merkfähigkeit vollkommen verloren, Wahrnehmungen, Vorstellungen, Urteile, sind nur für eine Sekunde in seinem Bewußtsein, die begleitenden Gefühle, Triebe, können länger verharren und die Brücke zur

[1] Der französische Gelehrte Janet will die Genese des Gedächtnisses soziologisch erklären. Aus dem Zwang und der Notwendigkeit auf nicht gegenwärtige Lagen und Objekte zu reagieren, hätten sich die rezitierenden, beschreibenden Seiten des Gedächtnisses entwickelt. Die bedeutendste Form, die erzählende, eine Art „Luxusform“ des Gedächtnisses, entwickelte sich aus dem Drange, diese auszudrücken und mitzuteilen. S. Elmgren 47ff. [2] Störring, Gedächtnisverlust durch Gasvergiftung. Bericht über den 15. Kongreß der deutschen Gesellschaft für Psychologie 1937.

nächsten Wahrnehmung usw. schlagen, so daß sie in der Diskontinuität des intellektuellen Geschehens eine Kontinuität hineinbringen.

Zusammenfassend kann man also sagen, daß Inhalte, die im Zusammenhang mit persönlichem Interesse (Einstellung) und Anteilnahme des Gefühls erlebt werden, besonders gut im Gedächtnis haften bleiben.

Bei der Erinnerung werden also nicht sozusagen alte photographische Platten aus dem Unbewußten hervorgeholt, sondern aus einzelnen festen Punkten wird das vergangene Erlebnis rekonstruiert (Bartlett, Elmgren). Vor allem die Gestaltpsychologie hat wichtige Beiträge zu dieser Theorie geliefert. Bezeichnend für diesen Vorgang sind die Fragen, die man sich selbst stellt. Wie ist das gewesen? Kann das gleichzeitig geschehen sein? War es nicht dunkel damals? usw. Deutliche Beispiele für die rekonstruierende Arbeitsweise des Gedächtnisses liefern meine Versuche. Beim Vers. B (Anhang) war mir entfallen, ob der Gast Einzelheiten aus dem Leben des Bereiters erzählt hatte. Aber mir schwebte dunkel vor, daß das notwendig sein müsse, um den Grafen zu überzeugen. Also ließ ich den Gast Einzelheiten erzählen und den Grafen den Bereiter vorsichtig ausfragen, um Übereinstimmungen festzustellen. Auf diese Weise rekonstruierte ich den richtigen Zusammenhang. Im Vers. A (s. S. 81 ff.) bemerkt Vp. 13; Ich kann mich nicht erinnern, wodurch das Bärenkind den Haarpelz verlor. Um die Lücke zu füllen, habe ich einen Priester hineingebracht, da die Möglichkeit irgendeines „Segners" jedenfalls besteht.

Auch bei den besten Gedächtnisleistungen gibt es aber, wie Aussageuntersuchungen erwiesen haben, keine hundertprozentige Erinnerungstreue.

Schon beim ersten Erleben muß man mit Fehlern rechnen, die in der Wahrnehmung, Aufmerksamkeit, persönlichen Stellungnahme begründet sind. Um das zu verdeutlichen, nehme ich Beispiele aus meinem Nacherzählungsverf. C[1]. Vp. 13 erzählt die Geschichte mit bedeutenden sinnstörenden Änderungen. Die Bemerkungen der Vp. nach dem ersten Lesen der Geschichte geben die Erklärung: „Der Bericht war mir gleichgültig ... Ich hätte dem Erzähler gar nicht zugehört". Die ablehnende Einstellung geht so weit, daß die Vp., als sie ihre

[1] NbZWk 13, 1935, 157 ff.

Nacherzählung mit dem Urtext vergleichen mußte, keinen Unterschied sah. Vp. 16 begründete die mangelhafte Nacherzählung mit oberflächlichem Lesen, mangelndem Interesse, viel Arbeit in der Zeit zwischen Lesen und Wiedererzählen und Abneigung gegen derartige Volksbräuche. Vp. 11 war innerlich so sehr mit dem Seelenzustand der Hauptperson beschäftigt, daß sie darüber die Pointe der Geschichte vergessen hatte. Vp. 17 hat einmal bei einer nächtlichen Skitur eine sehr eindrucksvolle Begegnung mit Perchten erlebt, so daß dieses Erlebnis die ähnlichen Ereignisse der vorgelegten Geschichte verdrängte. Das letzte ist eine der Gestaltungstendenzen, die bei der Erinnerungstätigkeit unbewußt mitwirken. Das letzte Beispiel zeigte, wie Erinnerungen im Sinne subjektiver Bedürfnisse stilisiert werden.

Rationalisierung oder Logifizierung, Ergänzungen, Deutungen. Vp. 27 (Vers. C) erzählt bewußt nüchterner wieder. Vp. 3 und 6 versuchen den Ausspruch der Kinderfrau, das Gesicht habe sie ihm auf den Rücken gedreht — nach der Überlieferung die Strafe für den, der Dämonen nachahmt — so zu erklären, daß sich die Maske auf den Rücken geschoben habe. Eine Vp. meint, die veränderte Stimme des Kindes rühre von der Maske her. In meinem Vers. C bewirkten die Rationalisierungen keine wesentlichen Fehler; das hängt vor allem damit zusammen, daß 1. das Erlebnis in den meisten Fällen nicht tiefgreifend war, und 2., daß nur erste Nacherzählungen in Betracht kamen. Aussageexperimente über erlebte Situationen haben aber gezeigt, wie verhängnisvoll sich das Bedürfnis nach kausalem Verständnis mit subjektiven Affekten mischen kann. Auch in Kettenerzählungen, wie sie in jeder Überlieferung (mit gewissen Vorbehalten, auf die ich später zurückkommen werde) vorkommen, treten Rationalisierungen stark hervor, besonders wenn es sich um einen dem Nacherzähler fremden Stoff handelt [1]) Vers. B (Vgl. Anhang S. 118 ff.) bringt einige Beispiele. Das Kernstück der Erzählung, der Bereiter sei kein Mensch, denn der Gast habe ihn selbst nach einer Schlacht begraben, wird allmählich so verändert, daß die Erzählung des Gastes kürzer wird. In der 5. Nacherzählung fällt diese Erzählung ganz weg, der

[1] Vgl. Die Vers. Bartletts mit einer Indianersage.

Gast ist einfach hellsehend und weiß daher, daß der Bereiter eine Spukgestalt ist, die dem Hause Unheil bringen wird (von letzterem stand nichts im Urtext). So bleibt es durch zwei weitere Nacherzählungen. In der achten heißt es: Der Bereiter machte den Eindruck eines verschlagenen, heimtückischen Höflings auf den Gast. Damit ist die Erzählung hoffnungslos verdorben. Das Narrengewand in der Erzählung hat bewirkt, daß in der ersten Reihe Gaukler, Komödianten eingeführt wurden. Außerdem macht sich das ästhetische Bedürfnis nach Abrundung und Ausschmückung geltend. Das trat besonders bei den Erzählungen A und C deutlich zutage. Die lässige mündliche Ausdrucksweise hat mehrere Vp., die keine rechte Vorstellung von mündlicher Erzählungsweise haben, veranlaßt, zu glätten und zu verschönern, wobei viele Anklänge an alte Volksschullesebücher mit etwas erbaulichem Anhauch auftauchten. Im allgemeinen sind gerade die Teile, die Leben und Farbe in eine Erzählung bringen, oft unhistorisch[1]. Darauf komme ich noch einmal zurück. Selbstverständlich sind bei der Überlieferung typologische Unterschiede der Erzähler wichtig, besonders in neuerer Zeit, in der die soziale Bindung der Gemeinschaftsüberlieferung locker geworden ist, oder wenn der Stoff fremdartig ist. Da die verschiedenen Typen schon ausführlich besprochen worden sind und auf typologische Unterschiede noch zurückzukommen ist, können hier kurze Bemerkungen genügen. Daß besonders große Unterschiede zwischen dem objektiven Erzähler (J und N-Typen), der oft geschichtliches Interesse hat und bewußt „richtig" überliefern will, wie z. B. Vp. 4 in meinem Vers. und den S-Typen, die alles von ihrer Stimmung aus beurteilen, bestehen, wurde auch schon S. 48 f. erwähnt. Vp. 19, die dem S-Typus nahesteht, war sehr stark von der Erzählung C gefesselt, hat aber eine bedeutend veränderte und im Sinne einer Wiedergabe schlechte Nacherzählung gegeben und dies beim Vergleich mit dem Urtext folgendermaßen begründet: „Geändert wurde, um eine gruseligere Stimmung zu schaffen, auch um das Motiv der Besessenheit deutlicher herauszuarbeiten. Überhaupt entstand eine größere Breite aus Freude und Behagen am Grauen- und Gruselnmachen." Vp. 27,

[1] Vgl. Liestøl Norske aettesogor, 155.

die zu einem den Desintegrierten nahestehenden Typus gehört, sagt über ihre Nacherzählung: „Ich habe bewußt versucht, die Erzählung nüchterner wiederzugeben ..." Dabei war ihre Erzählung die nächstkorrekteste.

Während die allgemeine Psychologie die Gedächtnistätigkeit vor allem unter dem Gesichtspunkten Lernen, Reproduzieren des Gelernten, Vergessen betrachtet, bleibt der besondere Fall, der die Volkskunde besonders angeht, unbesprochen.

3. Die mündliche Überlieferung und ihr Wirklichkeitsgehalt.

Versuch A. Im Herbst 1934 stellte ich drei verschiedene Versuche an. Einer davon, der Vers. C (mit 28 Vp.) ist bereits veröffentlicht worden[1]. Die Aufgabe dieses Vers. war, Aufschlüsse über das Maskenerlebnis und die Phantasietätigkeit der Vp. zu bekommen. Darüber hinaus geben die Vp. wichtige Mitteilungen über ihre Art wiederzuerzählen. Alle mußten nämlich 8 Tage nach dem Lesen die Erzählung C wiedererzählen, ihre Wiedergabe dann mit dem Original vergleichen und darüber Auskunft geben, worin ihre Abweichungen oder Änderungen bestanden und — soweit dies möglich war — mitteilen, warum sie geändert hatten. Diese eigenen Aussagen, verglichen mit den Wiedererzählungen je drei verschiedener Texte gibt ein gutes Bild der einzelnen Erzähler. Die beiden nächsten Versuche A und B wurden gemacht, um etwas über die Gesetzlichkeit der mündlichen Überlieferung, über die Möglichkeit, daß sich schlechte Varianten und Reste einer Erzählung im Laufe der Weitererzählung wieder verbessern können, zu erfahren. Eine Möglichkeit, die ja vorhanden sein muß, sonst gäbe es keine Überlieferung[2]. Die von Bartlett gemachten Kettenversuche, wobei nur der erste Erzähler den Urtext kennt, zeigen nur wie eine Geschichte zersagt wird, ein Vorgang, der für die Volksüberlieferung erst in zweiter Linie Bedeutung hat. In der Volksüberlieferung handelt es sich nicht um irgendeine Geschichte, die von irgendjemand einmal wiedererzählt wird. Um daher eine Lage zu schaffen, die dem wirklichen Leben möglichst nahekommt, wurde der Versuch A folgendermaßen angeordnet. Alle

[1] NdZVk 13 (1935), 157ff. [2] Liestøl (Norske aettesogor 1922) 157, hat gezeigt, daß zusammenhängende Geschichten 3—400 Jahre alt sein können. Einzelne Züge können sich viel länger halten, s. u. S. 105f.

Vp. sollten sich in die Lage versetzen, bei Regenwetter in einer einsamen Hütte Geschichten zu hören und selbst zu erzählen. Es war dies in allen Versuchen gefordert, um eine relative Einheitlichkeit der Anfangsstimmung zu erzielen, was jedoch nur bis zu einem gewissen Grade erreicht wurde. Dann mußten alle Vp. den Urtext aufmerksam, wenn sie wollten auch öfter, lesen. Der Urtext wurde dann von allen vernichtet. Nach drei Tagen mußte Vp. 1 eine Nacherzählung schreiben und diese an Vp. 2 schicken, die diese las, nach drei Tagen ihre Wiedererzählung schrieb und an Vp. 3 weiterschickte. Die letzte Vp. hatte ihre Nacherzählung wieder an Vp. 1 zu schicken. Vp. 1 las diese Nacherzählung, nach drei Tagen schrieb sie ihre zweite Wiedergabe und sandte sie an Vp. 2 weiter. Alle Vp. kennen also den Urtext, zwei Varianten und erzählen die Geschichte selbst zweimal weiter mit verschieden langen Zeitabständen. Der Zufall hat die Versuchsbedingungen noch lebensnäher gestaltet, indem zweimal ein Irrtum unterlaufen ist und in anderer Reihenfolge, als vorgesehen war, weitergeschickt wurde, und dadurch, daß die Vers. zwei Jahre anstatt drei Monate dauerten. Während die Vers. ausgeführt wurden, lernte ich das Werk A. Wesselskis: „Versuch einer Theorie des Märchens" und die Gegenschrift von W. Andersson kennen und kann jetzt einen experimentellen Beitrag für die Richtigkeit des Gesetzes der Selbstberichtigung von Andersson bringen und zugleich die psychologische Analyse der Erscheinung. Wesselski meint, die Überlieferung der Volksdichtung geschehe durch Literatur, Schrift und Druck. Er sagt vom Volke, es verderbe und entstelle bis zur Unkenntlichkeit, wenn es selbst erzähle. Als Beweis bringt er einen Kettenversuch mit 13 jährigen Schulmädchen, der diese Behauptung selbstverständlich zu bestätigen scheint, wie Bartletts Kettenversuche und mein Vers. B. Dagegen betont Andersson die Vielsträngigkeit der Überlieferung, bei der eine Verbesserung einer Erzählung durch die, die es eben besser wissen, immer möglich ist. Jeder Erzähler hört 1. die betreffende Erzählung von seinem Vorgänger nicht nur einmal, sondern mehrmals, und 2. nicht nur von einer, sondern von mehreren Personen in verschiedener Fassung[1].

[1] Zu Albert Wesselskis Angriffen auf die finnische folkloristische Forschungsmethode. Tartu

Im Vers. A wurde den Vp. ein knapper Auszug aus den Überlieferungen über Bären und Frauen aus Opedal, Makter og Menneske, Folkeminnen ifrå Hardanger. NF 38, 40f. vorgelegt[1].
Der Vers. wurde unwissentlich durchgeführt. Es wurden nur drei Fragen gestellt: 1. Kennen Sie diese Geschichte schon? 2. Kennen Sie ähnliche Geschichten? 3. Gefällt Ihnen die Geschichte? Ja, Nein, Gleichgültig; das Passende unterstreichen. Auf jeder Instruktion war reichlich Platz zum Schreiben unter dem Passus: Bemerkungen der Versuchsperson. In den Vorbemerkungen zu allen drei Vers. war gesagt, daß ich für alle Bemerkungen und Angaben, die die Vp. im Zusammenhang und Verlauf des Vers. geben könnten, sehr dankbar bin. Die reichen Bemerkungen wurden also alle freiwillig und ohne zu wissen, worauf es mir in dem Vers. ankam, gegeben.

Eine Bärenerzählung aus Hardanger in Norwegen

In Hardanger erzählen sie noch viele merkwürdige Bärengeschichten. 1930 habe ich welche gesammelt. Frauen, die ein Kind erwarten, werden vom Bär verfolgt. Sobald er die Frau sieht, gräbt er wie rasend ein Loch in die Erde, daß die Steine und Fetzen nur so in der Luft herumfliegen. So vertieft ist er, daß die Frau, während er arbeitet, davonlaufen kann. Viele sind dadurch so nahe an ein Haus gekommen, daß sie rufen konnten und der nachlaufende Bär umkehren mußte. Oder sie sind gerade noch ins Haus gekommen, aber die Spuren von den Bärenklauen an den Balken kann man noch sehen. Manche der Frauen ist vor Schreck und Anstrengung umgekommen. Da gibts massenhaft Nachrichten. Man glaubt, der Bär will das Kind lebend aus der Mutter holen und es aufziehen, so kann er seine Menschengestalt wiederbekommen.

1935, S. 21ff. Den Hinweis darauf verdanke ich Prof. Hepding. Vgl. auch Henssen, Volkstümliche Erzählkunst 5ff.

[1] Der Text wurde gewählt, weil er allen Vp. neu sein mußte und ich mitteilen konnte, sie würden ihn vergeblich suchen, wenn sie wissen wollten, woher, z. B. aus welcher Sagensammlung, der Text sei. Das spielt eine gewisse Rolle, wie ich aus früheren Versuchen weiß. Vgl. Zeitschrift f. Religionspsychologie 7, 1934, 132f.

Eine Frau traf einmal kurz vor ihrer Niederkunft auf den Bären im Wald. Er erwischte sie, bevor sie schnaufen konnte und zerriß sie. Als Leute kamen, war sie ganz zerfleischt, das Kind konnten sie nicht finden.

Nach einer Weile merkten die Leute einen alten großen Bären, der oft am Abhang war. Ein verwunderliches Ding ging hinter ihm her, niemand konnte herausbringen, was es war. So wurde es Herbst. Der Bär und sein Gesell bleiben fort. Ja, der Bär war wohl in seinem Winterquartier, aber sein Kamerad? Vielleicht war er doch mit dem Bär? Mehrere gingen auf die Suche und fanden das Winterlager. Den Bären konnten sie nicht herauslocken und schießen wollten sie nicht. Als es Sommer wurde, erwischten sie den Bären, töteten ihn und fingen seinen Gesell. Der schaute aus! Er hatte ein Fell, aber Menschenhände und Menschenfüße, sah aus wie ein Kind in einer Bärenhaut. Was sollten sie damit anfangen? Einer meinte, sie sollten es dem Pfarrer zeigen. Als der es zu sehen bekam, nahm er es zum Taufstein, besprengte es mit Wasser und taufte es nach seinem Pflegevater Björn (Bär). Sogleich fiel das Bärenhaar aus und ein schöner kleiner Bub stand vor ihm. Man glaubte, es müsse der Sohn jener unglücklichen Frau sein, die im Wald umgekommen war, denn er sah ihren Leuten gleich. Die zogen ihn auf und von ihm stammt eine große Familie und der Björn-Name hielt sich lange in dem Geschlecht.

Ich habe leider nur 17 Nacherzählungen der 1. Reihe und 8 der 2. Reihe bekommen, aber das Ergebnis ist trotzdem überzeugend. Bei der Bearbeitung der Nacherzählungen verfahre ich folgendermaßen: Die Erzählung wird in Hauptpunkte (hier 21) geteilt, die untereinander geschrieben werden. Daneben wird eine Nacherzählung nach der anderen eingetragen; jeder unveränderte Punkt mit derselben Zahl. Ist der Punkt verändert, so bekommt er einen Buchstaben hinzugefügt und die Änderung wird kurz angemerkt. Auf diese Art bekommt jede neue Variante eine besondere Bezeichnung, z. B. 1, 1a, 1b usw. Gleichzeitig wird jede Verschlechterung blau, jede Verbesserung im Verhältnis zum Urtext rot angestrichen. In der senkrechten Reihe übersieht man somit die ganze Nacherzählung (im folgenden mit N gekürzt) jeder Vp., in wagerechter Linie kann man die Veränderungen jedes einzelnen Punktes verfolgen. Der erste Überblick über die Tabelle zeigt folgendes: Die ersten 5 N sind ziemlich gut und vollständig, 6, 7 schlechter, 7 bringt Zusätze, obwohl sie sich gegen die N 6 wehrt und sich lieber an ihre Erinnerungen an den Urtext hält. N 8 bringt bedeutende Verbesserungen in drei Punkten. N 9 ist fast ebenso gut. N 10 bringt bedeutende Verschlechterungen, z. B. wird eingefügt: „In einem solchen Fall (wenn der Bär die Frau zerfleischt hatte) verschwand der Bär, der lange unsichtbar blieb ...“[1]. N 11 ist fast vollständig korrekt der Urtext, kleine geringfügige Änderungen und zwei unbedeutende Auslassungen zeigen allein, daß es sich um keine Abschrift handeln kann, was übrigens nach dem Charakter der Vp. und der ausgezeichneten N auch in der 2. Reihe völlig ausgeschlossen ist. N 12 geringe Umstellungen und Verschlechterungen. N 13 sehr viel weniger gut, mehrere Punkte ausgelassen, ziemliche Veränderungen, z. B. der Pfarrer sträubt sich lange das Bärenkind zu taufen[2]. N 14 zeigt Besserungen, der bei 13 erwähnte Zusatz bleibt weg. N 15, 16, 17 bedeutende Kürzungen und Verschlechterungen. 2. Reihe: N 18 viel besser. N 19 der Urtext ist in den wichtigen Punkten wieder erreicht. N 20 im ganzen weniger gut. N 21 ist dem Urtext wieder näher. N 22 ist wieder ausgezeichnet, doch kürzer als die erste N 11, die, wie erwähnt, dem Urtext fast völlig glich. In dieser 2. N wird eine Falle, in der der Bär gefangen wurde, eingeführt. N 23 ist gut, *besser als die erste N derselben Vp.*, die Falle aus der vorhergehenden N wird beibehalten. N 24 stellt ebenfalls eine Verbesserung gegenüber der ersten N derselben Vp. N 6 dar. In 6 ausgelassene Punkte treten wieder auf, die Falle bleibt weg, statt dessen die ursprüngliche Fassung. N 25 ist wieder weniger gut. Im ganzen kann man aber auch bei dieser Variante sagen, daß sie das Wesentliche des Urtextes wiedergibt.

Das allgemeine Ergebnis, das ja ohne Belegstellen ist, soll nun an Einzelheiten erläutert werden. Dabei werde ich die N der zweiten Reihe mit einem

[1] Diese Vp. ändert immer sehr stark. [2] Auch in den anderen Vers. sehr große Veränderungen, malt gerne aus und erzählt so gruselig als möglich.

kleinen Zweier versehen und außerdem die richtigen und stark veränderten Punkte sperren.

Bekanntlich gehen Namen, besonders Ortsnamen, bei Kettenerzählungen am raschesten verloren (Bartlett). Im Vers. A verhält es sich folgendermaßen: N 1 falsch (Håland), N 2, 3, 4, richtig, 5 nördliches Norwegen, 6 hoch oben in Norwegen, 7, 8, 9 im Norden, 10 im Nordland, 11, 12 richtig, 13 im Norden, 14 gewisse Gegenden in Norwegen, 15, 16 im hohen Norden, 17 in vielen Teilen Norwegens, 18^2, 19^2, 20^2 Norwegen, 21^2 in unserem Dorf, 22^2, 23^2 richtig, 24^2, 25^2 Norwegen.

Die Einzelheit, daß man an den Balken noch Spuren der Bärenklauen sehen könne, kommt in folgenden N vor: 2, 3, 5, 11, 21.

Von den Hauptzügen ist folgendes zu sagen. Punkt 9: Man meint, der Bär wolle das Kind lebend aus der Mutter holen und es aufziehen, um seine Menschengestalt wiederzuerhalten. N 1, 2 richtig, 3 ohne die Begründung, um Menschengestalt wieder zu erhalten. 11 richtig, 12 ohne Begründung, 13 um es aufzuziehen, 15 um Menschenkinder nach Bärenart aufzuziehen, 17 weil die Bärin dadurch seine (des Kindes) Seele gewinnen will. 18^2 nach dem Glauben der Norweger (und anderer Völker) versuchen die Bären ein Menschenkind in ihre Gewalt zu bekommen, um dadurch in den Besitz einer unsterblichen Seele zu gelangen. 19^2 richtig, 20 nicht um es zu fressen, sondern aus einem ganz anderen Grund. 22^2 richtig, 24^2 um es bei sich zu haben.

Die folgenden Punkte gehören zur eigentlichen Geschichte. Punkt 10: Die schwangere Frau wurde vom Bär zerrissen, ihre Leiche gefunden. N 1 richtig, 2, 3 Frau verschwand spurlos. 4, 5, 6, 7, 8, 9 richtig, 10 mehrere Punkte zusammengezogen ... manchmal zerfleischt der Bär die Frau. In einem solchen Fall verschwand der Bär, der lange Zeit unsichtbar blieb. 11, 12, 13, 14, 15 richtig, 16 einmal hatten mehrere Frauen im Walde zu tun, der Bär kommt, eine schwangere Frau konnte sich nicht durch Davonlaufen retten. 17 eine Frau sucht Preiselbeeren, wird zerfleischt, Mann mit Nachbarn suchen sie mit Fackeln (also dem Urtext wieder näher als 16). 18^2 Preiselbeeren suchen, sonst wie im Urtext. 19^2, 20^2 Frau ging in den Wald, blieb verschwunden, 21^2, 22^2, 23^2, 24^2 richtig, 25^2 mehrere Frauen mitten im Winter, um Holz zu sammeln, die Schwangere kann dem Bären nicht entrinnen.

Die Punkte 12, 13, 14, 15 Auftauchen des Bären mit Gesell, das Suchen, Finden der Höhle im Winter, im Frühjahr Töten des Bären und Fangen des Gesellen, blieben im wesentlichen gleich, grobe Abweichungen hielten sich nicht. N 8 man beschloß beide zu fangen, was auch gelang, 9 man konnte nur das Menschenwesen fangen, 10 annähernd richtig, 11, 12 lockten den Bären hinaus, töteten ihn, 13 fingen den Bären in einer Grube und raubten das Zottelwesen. 14, 15, 16 annähernd richtig, 17 Bärin wehrt sich grimmig, wird erlegt, die mutigen Jäger dringen in die Felsenhöhle..., 18^2 ziemlich richtig, 19^2, 20^2, 21^2 fast richtig, 22^2 lockten den Bären in eine Falle, nahmen das Wesen, das mit in die Falle gefolgt war, gefangen, 24^2 richtig, 25^2 annähernd richtig.

Punkt 16 Aussehen des Kindes: Es hatte ein Fell, aber Menschenhände und Menschenfüße, sah aus wie ein Kind in einer Bärenhaut. N 1 richtig, 2 mit einem Fell versehen, 3, 4, 5, 6 richtig, 7 war kein echtes Bärlein, 8 richtig, 9 wie ein Mensch vollkommen mit Haaren bedeckt und so abschreckend häßlich, daß sich alle vor diesem Bärenmenschen grauten, 10 Kopf, Hände, Füße eines Menschen (steht etwas unter Wirkung von 9), 11 richtig, 12 fellumkleidetes Wesen, das etwas Menschliches an sich hatte. 13, 14, 15, 16 sonderbar, halb Bär, halb Mensch, 17, 18^2 man fand mehrere Jungen bei der Bärin, aber eines war seltsam, 19^2, 20^2 merkwürdiges kleines Geschöpf, 21^2 hatte Menschengestalt, aber Tierfell, konnte auch nichts sprechen, nichts erklären. 22^2, 23^2, 24^2, 25^2 halb Mensch, halb Tier.

Punkt 18: Der Pfarrer nahm es zum Taufstein, besprengte es mit Wasser und taufte es nach seinem Pflegevater Björn. N 1, 2, 3 ohne Björnnamen,

4, 5, richtig, 6 besprengt mit Weihwasser (ohne Taufe), 7 sprach Gottessegen und sprengte Weihwasser (ohne Taufe), 8 taufte es (ohne Namen), 9 richtig, 10 taufte und segnete (ohne Björnnamen), 11, 12 richtig, 13 der Pfarrer sträubte sich lange, die heilige Handlung an einem solch beelzebubähnlichen Wesen zu vollziehen. Schließlich gab er dem Drängen seiner Pfarrkinder nach und taufte das junge Wesen auf den Namen Björn. 14 der Pfarrer entschloß sich, das junge Wesen zu taufen, 15 nun beschlossen sie, dieses Wesen zu pflegen, als ob es ein Menschenkind wäre, ließen es taufen, und nach einiger Zeit... 16 je mehr das kleine Wesen unter Menschen kam, desto ähnlicher wurde es ihnen und verlor, als es getauft wurde, alles tierische Aussehen, 17 man nahm sich des Bärenkindes an und je mehr man lieb zu ihm war, desto menschlicher wurde es. Es tat seine Tierhülle ab, leiblich und geistig und als man ihm gar die Taufe gab, wurde es ganz ein Mensch. Zum Andenken daran gab man dem Buben den Namen Björn. 18^2 richtig, nur Zufügung „Zeichen des Kreuzes". 19^2 richtig ohne Björnnamen, 20^2, 21^2 richtig (Weihwasser), 22^2, 23^2, 24^2, 25^2 richtig ohne Björnnamen.

Das sind genügend Einzelheiten, um zu zeigen, daß große fehlerhafte Veränderungen, wie bei Punkt 18 in den N 13—17, in N 18 wieder im wesentlichen richtig werden können und sich so in den folgenden 7 N halten. In Punkt 16, in dem das Bärenkind beschrieben wird, sind starke Übertreibungen wie in N 9, „es war so häßlich, daß sich alle vor diesem Bärenmenschen grauten", nicht weitergegeben worden. Auch die Veränderung, daß mehrere junge Bären gefangen wurden, von denen einer auffallend war (N 17), wurde nur einmal weitergegeben.

Neue Zusätze sind folgende hinzugekommen: N 15 Punkt 9, warum Bären nach Kindern trachten, wird am Schluß gebracht und zugefügt: „Ist das nicht merkwürdig? Haben Bären nötig, so etwas zu tun? Doch ich wurde ja nicht gefragt, ob ich diese Geschichte glaube, ich habe sie erzählt, wie ich sie hörte." Der Zusatz wurde nicht weitergegeben, hat aber doch N 16 beeinflußt. N 16 wiederholt am Schluß Punkt 3: Seitdem glauben die Leute, daß werdende Mütter sich besonders davor hüten müssen, allein in den Wald zu gehen. Es könnte es wieder ein Bär auf ihr Kindlein abgesehen haben. Dieser Zusatz wurde übernommen und erweitert weitergegeben. N 17: Seitdem nehmen sich alle schwangeren Frauen sehr in acht in den Wald zu gehen und sich einem so schrecklichen Tode auszusetzen, denn die Bärin will das Menschenkind erbeuten und aufziehen, weil sie dadurch seine Seele gewinnen will. N 18^a gibt diesen Zusatz so weiter: Nach dem Glauben der Norweger (und anderer Völker) versuchen die Bären ein Menschenkind in ihre Gewalt zu bekommen, um dadurch in den Besitz einer unsterblichen Seele zu gelangen. Hiermit bricht diese Zusatzreihe ab. Der Zusatz mit dem N 20^2 schließt, wurde nicht übernommen. Es heißt da: Vielleicht ist die ganze Geschichte nur erdacht, um diesen Namen zu erklären, denn ähnliche Sagen gibt es ja bei vielen Völkern. Das Volk macht sich über die Glaubwürdigkeit keine Gedanken und nimmt die Sage einfach hin. Einem Dichter könnte sie, meine ich, Stoff zu einem Drama geben.

Wie die Zusammenstellung zeigt, haben sich mehrere Fehler im Laufe des Weitererzählens nicht gehalten. Wirklich grobe Fehler wurden auch nicht gemacht. Der schwerste Verstoß gegen diese Überlieferungen ist wohl der Zusatz in N 17, die Bärin wolle das Kind aufziehen, um seine Seele zu gewinnen, aber dieser Fehler wurde nicht übernommen oder weitergegeben.

Diese Beispiele, nach denen verlorene Züge wiederauftauchen, Fehler nicht übernommen werden, oder wenn sie übernommen, abgeschwächt werden und schließlich wieder wegfallen, Zusätze sich nicht halten, zweite Nacherzählungen besser sind als die ersten, zeigen, daß es sich hier nicht um eine stetige Verschlechterung, sondern um sprunghaft auftretende Verschlechterungen und Verbesserungen handelt. Dabei muß man bedenken, daß die Versuchsbedingungen, volkskundlich betrachtet, nicht besonders günstig sind. Die Vp. sind nicht „Volk" im Sinne der volkskundlichen Überlieferung, der Text ist auch nicht Überlieferungsgut, das für viele gefühlsbetont, für alle sozial verbindend ist, wie das in früherer Zeit der Fall gewesen ist. Allerdings fanden fast alle Vp. den Text interessant und fesselnd. Dann sind es nur 17, die erzählen, an Stelle von Vielen. Aber gerade daß trotz dieser Mängel, die man vom volkskundlichen Gesichtspunkt hervorheben kann, sich hier Erscheinungen geoffenbart haben, die für echte Volksüberlieferung wesentlich sind, ist wichtig; es scheint sich also um allgemeine Eigenschaften der Gedächtniswirksamkeit zu handeln.

Besonders ein Umstand spielt eine gewisse Rolle, obwohl weniger bei der einfachen Form der Sagenerzählung, nämlich der, daß es sich im Versuch nicht nur um „Erzähler" im volkskundlichen Sinne handelt. Viele von denen, die aus wissenschaftlichen Interesse an den Versuchen teilgenommen haben, würden sonst, wie auch einige geäußert haben, „derartige" Geschichten nicht weitererzählen[1]. In vielen Fällen kann man bei volksmäßigen Erzählern, die ihren Stoff oft gehört, z. T. selbst erlebt haben, von Übung und „Einprägung" reden. Beim Versuch A, bei dem jede Vp. den Urtext, zwei Varianten liest und zweimal selbst erzählt, spielt wohl ein Übungsfaktor mit, von einer Einprägung kann aber keine Rede sein. Trotzdem ist deutlich, daß beim Lesen einer Variante die Erinnerung an den Urtext besonders gut belebt werden konnte. Vp. 7 bemerkt über die ihr zugesandte Variante: „Ich finde die Erzählung gut wiedergegeben, sie wurde mir in der Wiedergabe klarer als in der ersten Fassung". Die betreffende N 6 ist wirklich gut[2]. Auffallender ist es, daß schlechte N sehr oft nicht die nächste Wiedergabe beeinflussen, sondern im Gegenteil die ältere, oft bedeutend ältere Erinnerung an den Urtext bessern. Das zeigt nicht nur die Übersichtstabelle über die Nacherzählungen, sondern mehrere Vp. sprechen sich darüber aus. Vp. 18 bemerkt: „Diese Bärengeschichte haben wir doch schon einmal und zwar gleich anfangs im Original zu lesen gekriegt. Da war sie bedeutend länger und schöner." Vp. 9: „Die mir gesandte Erzählung kam mir wie eine Nacherzählung nach dem Original vor. Ich hielt mich wohl an das, was ich von der ersten Fassung

[1] Z. B. Vers. C. NdZVk 13, 165, 166. [2] N 6 besteht aus folgenden Punkten: 1b 3a 4, 7, 10, 11, 12, 14a, 15, 16, 17, 18, 19, 21c.

noch wußte." Vp. 6: „Der Text der Vp. 5 schien mir im Gegensatz zum Original ziemlich literarisch und das störte mich. Jetzt eben beim Niederschreiben meines Erinnerten stand mir der Originaltext vor Augen, d. h. er hatte in der Erinnerung das Übergewicht." Vp. 2, deren N ich nicht bekommen habe, bemerkt zu dieser: „Wenn ich gleich begriffen hätte, daß Vp. 3 das von mir Geschriebene bekommt, dann hätte ich vorsichtiger geschrieben, so habe ich wie immer über Ortsnamen einfach hinweggelesen und keine Ahnung mehr; ob es wohl Vp. 3 gelingt, die Geschichte an den richtigen Ort zu bringen?" Es ist gelungen, die N 2 ist mit richtigem Namen fast identisch mit dem Urtext. Bei der 2. Reihe hat dieselbe Vp. 3 zu der ihr vorliegenden N 18² bemerkt: „Ich habe die Geschichte mehr nach der Erinnerung, die ich noch von der ersten Erzählung her hatte (vor zirka einem Jahr), aufgeschrieben, und einige Züge der mir zugeschickten Geschichte weggelassen, die mir nicht ganz echt erschienen". Diese Bemerkung ist besonders wichtig, weil sie von einem echten Erzähler stammt, der obwohl Städter und Gelehrter geworden, mit Liebe und Hingabe Märchen und Sagen, vor allem die er als Kind gehört, erzählt und vollkommen mitreißt und fesselt. Die zweite N, nach einem Jahr, ist daher fast ebensogut als die erste und bewahrt alle wesentlichen Züge. Auch im Versuch C hat Vp. 3 die treuste und ausführlichste Wiedererzählung geliefert, obwohl ihm diese Erzählung sehr fremd war (vgl. NdZVk. 13, 167).

Auch bei anderen Gedächtnisversuchen ist Ähnliches beobachtet worden. A. Aall nennt diese Erscheinung, daß die zweite N manchmal ausführlicher ist als die erste, Nachgedächtnis[1]. Auch Ribsskog[2] konnte bei seinen Vp. (Schulkindern) ein solches Nachgedächtnis bei verhältnismäßig vielen Vp. nachweisen. In beiden Untersuchungen wurde festgestellt, daß die Verbesserung nicht dadurch zustande kam, daß die Vp. sich in der Zwischenzeit bewußt mit dem Stoff beschäftigt hatten. Eindrücke, die bei der ersten Wiedererzählung nicht mitgenommen wurden, oder in falscher Form, können sich später richtig

[1] Zur Psychologie der Wiedererzählung ZaPs 7 (1913), 195ff. [2] Experimentelle Untersuchungen usw. ZaPs 43 (1932), 345f.

durchsetzen. Eine der merkwürdigsten Erscheinungen bei meinen Gedächtnisversuchen am eidetischen Anschauungsbild läßt sich vielleicht damit vergleichen. Vp. G. H. erzeugt ein AB eines vor 24 Tagen (und in der Zwischenzeit nicht mehr gesehenen) Urbildes: Das AB scheint in Bewegung zu sein, zuerst tauchen Züge auf, z. B. ein großer Hut, die falsch sind, dann schiebt sich das Richtige (in diesem Beispiel ein sehr kleiner Hut) hervor und bleibt ruhig (s. Anhang S. 117).

Diese Erscheinungen werden von anderen Eigenheiten der Gedächtnistätigkeit gekreuzt. Im Versuch A liegen nur zwei Fälle vor, daß nämlich Eigenheiten der eigenen ersten Wiedererzählung besser erinnert werden als der Urtext und die vorgelegte Variante. Vp. 3 hat den Punkt 10, man fand die Frau zerfleischt, dahin geändert, daß sie sagt: Die Frau verschwand spurlos. Das wurde auch in der 2. N wiederholt, obwohl die N 18², der Vp. 3 vorlag, diesen Punkt richtig hat und obwohl Vp. 3, wie erwähnt, ein hervorragender Erzähler vom objektiven Typus ist. Vp. 24 hat in ihren beiden N Punkt 10 dahin verändert, daß viele Frauen in den Wald gingen, ein Bär kam und die Schwangere allein nicht entfliehen konnte, obwohl beide Varianten, die ihm vorlagen, diesen Punkt richtig haben. Diese Erscheinung hat A. Aall ebenfalls bei seinen Vp. gefunden, aber sie nicht näher besprochen[1]. Es dürfte sich dabei um eine Form von Perseveration handeln[2].

Im Versuch A besteht außerdem noch die Möglichkeit, daß das erste Bekanntwerden mit dem Text, der zugleich der beste war, eine gewisse Rolle spielt (Prävalenz des ersten Eindruckes). Aber in anderen Fällen wird wohl die Tatsache, daß die gute Fassung als Ganzheit besser erfaßt wird als die schlechtere ausschlaggebend sein. Wie wichtig die persönliche Einstellung

[1] ZaPs 7, 208 und ZPs 66, 24 Anm. 1. [2] Allgemein bekannt ist die völlige Abhängigkeit von einer Vorlage bei großer Müdigkeit, es ist fast nicht möglich, eine neue Fassung eines schon formulierten Gedankens zustande zu bringen. Wichtig ist diese Tatsache für Sammler von Sagen usw., je müder sie werden (vgl. über müde werden Wisser auf der Märchensuche 24), desto weniger sind sie imstande, wortgetreu aufzuzeichnen, es ist da immer die Gefahr vorhanden, in gewohnte Ausdrucksweise zu verfallen. Wahrscheinlich gehört auch das unbewußte Bevorzugen eines bestimmten Stiles zu dieser Erscheinung, so z. B. die vielen Anklänge der Grimmschen Märchen an die Bibelsprache.

zum Stoff für die spätere Wiedergabe ist, zeigt sich im Versuch C. Wurde die Erzählung persönlich nacherlebt, wirkte das Gesetz der persönlichen Identifizierung[1], so wurde gut wiedererzählt und nur sinngemäße Erweiterungen hinzugefügt. Das kann volkskundlich sehr bedeutsam sein, wie der Versuch C gezeigt hat. Vom volkskundlichen Inhalt des Versuchs C, 18 Punkte, wurden 16 bewahrt und 33 neue richtige Punkte hinzugefügt, die aus dem Wissen über derartige Überlieferungen, oft aus Kindheitserinnerungen stammten[2]. Eine Erzählung kann also inhaltsmäßig bereichert, d. h. hier verbessert werden durch die persönliche Stellungnahme und das konstruktive Verfahren des Gedächtnisses. Andererseits können gerade Erweiterungen inhaltliche Verschlechterung bedeuten, wenn sie auch der Erzählung Leben und Farbe verleihen können[3].

Ob eine Erweiterung volkskundlich-historisch eine Verbesserung einer Fassung darstellt, muß immer mit Hilfe volkskundlich-geschichtlicher Untersuchungen festgestellt werden. Aber die psychologische Zergliederung zeigt, daß es nicht angeht, derartige allgemeine Behauptungen aufzustellen, wie Wesselski es getan hat. Die Erörterung über den Wirklichkeitsgehalt von Überlieferungen wird im Abschnitt Phantasie fortgesetzt.

[1] A. Aall, ZaPs 7, 203ff. [2] NdZVk 13, 176. [3] Liestöl, Norske aettesogor 155.

XI Das Denken

1. Assoziationen und die sogenannten Assoziationsgesetze

Die bisher besprochenen seelischen Erscheinungen waren, wie immer wieder betont wurde, unentwirrbar miteinander verflochten. Das Denken ist zwar nicht weniger mit den anderen Funktionen verflochten, aber vermag doch bis zu einem nicht geringen, allerdings bei verschiedenen Typen unterschiedlichen Grade die rein persönlichen Erlebnisse zu Gunsten außerpersönlicher Ziele zurückzuschieben und zu überwinden. Das setzt aber einen Willensakt voraus. Es ist hier nicht von diesem, dem wissenschaftlichen, von dem die Denkpsychologie meist ihren Ausgang nimmt, die Rede, obwohl hier der Denkprozeß am reinsten vorliegt, sondern in diesem Zusammenhang kommt es vor allem auf das alltägliche und wenig bewußt durchgearbeitete Denken an. Das Wesentliche der Denktätigkeit, sei es bei Phantasie oder Träumerei, sei es beim zielbewußten Denken oder Planen, besteht in einer Verknüpfung von Vorstellungen. Wie kommt diese Verknüpfung zustande?

Nach der alten sensualistischen Lehre sind es die sogenannten Assoziationen, die die Verknüpfung der Vorstellungen, somit das Denken, zustande kommen lassen. Ihren Ausgangspunkt nahm diese Lehre in der Annahme, daß Vorstellungen reproduzierte Wahrnehmungen seien. Die reproduzierten Wahrnehmungen werden nun nach der alten Lehre nach den „Gesetzen der Assoziation" der Berührung und der Ähnlichkeit[1] verknüpft. Um es einmal sehr kraß auszudrücken, wie es in Wirklichkeit wohl selten geschah: Nicht das Ich stiftet die Verknüpfungen, sondern die reproduzierten Wahrnehmungen verknüpfen sich nach den Gesetzen der Assoziation, wobei das Ich mehr oder weniger passiv gedacht wurde, und dadurch kann das seelische Leben erschöp-

[1] Nach dem Muster der englischen Assoziationslehre rechnete man auch mit vier Assoziationsgesetzen: Gleichheit, Kontrast, Berührung in Zeit, Berührung in Raum.

fend erklärt werden. Es herrscht dabei keine völlige Klarheit über den Begriff Assoziation. Auch wenn von Assoziationen nur dann die Rede ist, wenn die Ähnlichkeit oder Berührung bewußt wird, wird nicht immer geschieden zwischen Assoziation der realen Objekte und Assoziation der Bewußtseinsinhalte. Sehr oft bleibt es dunkel worin die Verknüpfung besteht. Alle, die sich in der Volkskunde mit dem Ausdruck assoziatives Denken und Assoziationen bemüht haben, haben diese Unklarheiten blutig zu fühlen bekommen, es war wie ein Kampf mit Windmühlen. Mit wie großem Aufwand von Mühe und Scharfsinn hat Sydow nicht versucht darüber hinwegzukommen mit seiner Phantasieassoziation, Emotionalassoziation, Interessenassoziation[1]. Oder Geiger (S. 10), wenn er versucht, die Assoziationen zu finden, die verschiedenen abergläubischen Sätzen zugrunde liegen. Und das Ergebnis seiner Bemühungen, die für unser Denken recht fremdartigen Assoziationen zu erfassen, kennzeichnet er selbst völlig richtig. „Es hat keinen Wert, noch mehr solche Widersprüche aufzuzählen." Und: „Zum Verstehen kommt man nur, wenn man im Einzelfall untersucht, was für ein Glaube zugrunde liegt" (S. 11). Es ist also damit, daß man das Denken des Volkes als assoziativ bezeichnet, wenig gesagt und nichts erklärt. Warum?

Zunächst sind, wie aus der obigen Darstellung klar geworden ist, Vorstellungen nur ausnahmsweise reproduzierte Wahrnehmungen, damit fällt schon die Grundlage und Voraussetzung der eigentlichen Assoziationslehre. Die Erkenntnis vollends der Komplexität des Bewußtseins, der Bedeutung der Einstellung, hat die Auffassung der Assoziation auf einen anderen Plan gerückt und in ihrer Bedeutung sehr eingeschränkt. Es sei hier zunächst ein eindeutiges Beispiel einer Assoziation genannt, aus Storms Novelle „Beim Vetter Christian". Die alte Karoline findet ein Taschentuch ihres Herrn in der Tasche der Hausmansell, und die keimende Neigung zwischen beiden vorausahnend, assoziiert sie folgende Vorstellungen:

[1] Associationens betydelse i folklig tro og sed. FoF 1928, 67 ff. Det ovanligas betydelse i tro og sed. FoF 1926, 53 ff. Festskrift tillägnad Axel Herrlin, Et bidrag til riternas psykologi 406 ff. (1935). Die psychologischen Gründe der Manavorstellung. Årsbok (1929) Vetenskaps-Societeten i Lund, 63 ff.

Plötzlich fiel ein schneidendes Licht auf den Gegenstand ihrer Betrachtung. Der Großtürke — ja, das hatte ihr Brudersohn, der Schiffer, einmal erzählt —, wenn der aufs Freien wollte, so schickte er vorher sein Schnupftuch an das junge Frauenzimmer! Und ihr Herr, der Doktor, rauchte türkischen Tabak, er hatte vergangenen Sommer türkische Bohnen im Garten gezogen, er war überhaupt sehr für das Türkische! —

Hier knüpft der für sie unklare Begriff „türkisch" eine Reihe Vorstellungen aneinander. Aber doch nur scheinbar, denn diese wunderliche Zusammenstellung hat ihren Sinn eben in der plötzlichen Erkenntnis, daß sich zwischen ihrem Herrn und dem Hausfräulein etwas anspinnt; also das ist das eigentlich Verknüpfende. Fehlte dieser Sinn, so wäre die Vorstellungsfolge als Ideenflucht zu bezeichnen. Ein anderes Beispiel ist der Zusatz, der im Versuch A in der N 18[2] gemacht wurde: Dem Taufwasser im Urtext wird das Zeichen des Kreuzes hinzugefügt. Ist das eine Assoziation? Möglich, aber nicht wahrscheinlich, wenn man eine Bemerkung der Vp. aus den Symbolversuchen kennt. Vp. antwortet da auf Frage 9 des 1. Vers.: „Nein, nur als Kind habe ich geglaubt, mit dem Kreuzeszeichen mich gegen den Teufel schützen zu können. Auch Träume gehabt, in denen ich das Zeichen mit Erfolg anwandte" (Z. f. Religionspsychologie 7, 222 Anm. 1). Auch hier ist also nicht die Assoziation Taufe-Kreuz, sondern das Kindheitserlebnis der Vp. das Ausschlaggebende.

Wäre die Verknüpfung nach der Berührung in der Zeit wirklich so bedeutungsvoll, so müßten kurze Geschichten mit richtiger Abfolge der Vorgänge wiedererzählt werden. Es ist aber eine bekannte Tatsache, daß das nicht der Fall ist, sondern daß Umstellungen in Nacherzählungen sehr häufig sind. Es wirken also andere seelische Funktionen stärker als die Assoziation der zeitlichen Berührung. Daß auch die Assoziation der Ähnlichkeit keine ausnahmslos der Verknüpfung dienende Gesetzmäßigkeit in sich birgt, beweist das sogenannte Ranschburgsche Phänomen, wo gerade die Gleichartigkeit der Reize hemmend[1] auf die Reproduktion einwirkt. Hierbei tritt eine Erscheinung

[1] A. Aall, Zur Frage der Hemmung usw., ZPs 47, 1ff. Ders., Zur Psychologie des Stabreimes, ZPs (1931), 122. Gunther Ipsen, Neue psych. Studien 1, 283—453.

zutage, die auch sonst ganz allgemein gilt, die Assimilation. Darunter versteht man die Beeinflussung eines gegenwärtigen Erlebnisses durch nicht gesondert für sich wahrgenommene Nachwirkungen früherer Erlebnisse.

Ein psychologischer Vers., der das Problem der Namengebung untersucht, scheint zu zeigen, daß der assoziative Faktor bei der Zuordnung sinnloser Lautkomplexe zu sinnlosen Zeichnungen, nur ein Ersatzfaktor ist (Usnadze, Ein experimenteller Beitrag zum Problem der psychologischen Grundlage der Namengebung. Psychologische Forschungen 5, 24ff.).

Auch die eidetischen Versuche zeigen, daß Veränderungen der Sehgröße bei NB und AB an Verhaltungsweisen der optischen Aufmerksamkeit gebunden sind, an psychische Selektion, so daß bei der Verschmelzung von Reiz und Reproduktion etwas Drittes Funktionales ausschlaggebend ist (Jaensch und Schweicher, Zur Streitfrage zwischen Assoziationspsychologie usw. 302ff.). Schließlich ist bei jedem schöpferischen Denken gerade die Zerstörung der gewohnten Verbindungen nötig (Dissoziation, Müller-Freienfels 2, 246).

In einer anderen Bedeutung als früher ist der Ausdruck Assoziation noch von manchen Psychologen gebraucht, doch wäre es erwünscht, daß ein historisch so schwer belasteter Name vermieden würde, wie es auch z. T. geschieht. E. Jaensch ersetzt z. B. in seinen Vorlesungen tunlichst Assoziation durch Verbände, Komplexe (Jaensch und Schweicher, Zur Streitfrage usw. 307). Was also jetzt noch übrig bleibt ist folgendes: Werden Eindrücke oder Vorstellungen gleichzeitig oder kurz nacheinander erlebt, so entsteht eine große Bereitschaft dafür, daß das Auftreten des einen Eindruckes oder der einen Vorstellung das Auftreten des anderen mit sich bringt. Diese Auffassung des Begriffes Assoziation drückt nichts anderes aus, als die Anwendung der Tatsache des bedingten Reflexes (auch zweiter und folgender Ordnung) auf das Vorstellungsleben[1]. Damit aber derartige Assoziationen sich festigen können muß eine besondere Beziehung zum erlebenden Individuum bestehen, es findet also eine Auslese statt. Die Auslese wird bewirkt durch aktive Stellungnahmen, durch Willensanstrengung beim Lernen, durch das Erleben

[1] H. Schjelderup, Psykologi 146f.

eines Sinnhaften, durch Bezüge zur individuellen Lebensgeschichte. Daß zwei assoziierte Vorstellungen wieder auftauchen, hängt ab 1. von der Festigkeit der Verbindung und 2. von ihrem Zusammenhang mit dem übrigen Gesamtzustand des Erlebenden. In verschiedenen o. S. 95 zitierten Abhandlungen versucht Sydow eine große Anzahl sehr verschiedenartiger Vorstellungen des Volksglaubens und individuellen Glaubens durch die von ihm sogenannte Phantasieassoziation zu erklären. Dieser Begriff, den er später sehr viel treffender Emotionalassoziation nennt, wird dem alten herkömmlichen Assoziationsgesetz der Ähnlichkeit und Berührung als gleichartig an die Seite gesetzt. Aus allen Versuchen, die sehr vielseitigen Eigenheiten dieser Assoziation zu beschreiben geht hervor, daß damit oft die oben besprochene Irradiation der Gefühle und Gefühlsübertragungen gemeint sind, worum es sich auch tatsächlich oft handelt. Aber die ganze Eröterung steht im Banne der alten Elementenpsychologie und der Begriff Assoziation wird festgehalten und erhält eine Bedeutung und Wichtigkeit, die ihm nicht zukommt. Es läßt sich leicht zeigen, daß der sogenannten Phantasieassoziation nur eine untergeordnete Wichtigkeit zukommt. Ein Mädchen (Sydow, FoF 1926, 54f.) plaudert mit seiner Schwester unter einem Baum und pflückt gedankenlos ein Blatt, in dem zu ihrem Erstaunen drei Nähnadeln stecken. Am selben Tag bekam sie starke Zahnschmerzen und dachte gleich an das Blatt mit den Nähnadeln. Durch die Berührung damit hatte sie Zahnweh bekommen. Wahrscheinlich hatte die Zigeunerin, die nicht bekam, um was sie gebettelt hatte, die Nadel aus Rache in das Blatt gesteckt. Es besteht hier nach Sydow keine direkte Assoziation der Ähnlichkeit oder Berührung, aber als man eine Erklärung für den plötzlichen Zahnschmerz suchte, dachte man nicht an die lange unbemerkt wirkende Fäulnis, sondern an das, das am Tage geschah als der Schmerz einsetzte. So erbot sich ganz natürlich dieses ungewöhnliche Erlebnis als Erklärung. Auch wenn Nadel und Schmerz Anknüpfungspunkte bieten und wenn man auch nach dem Volksglauben Zahnschmerz auf einen Baum übertragen kann und die Schmerzen auf den übergehen, der den Baum berührt, so muß man die in diesem Fall geschilderte Erklärung des Zahnschmerzes als Ergebnis einer Phantasieassoziation ansehen. Der Volksglaube, daß man Zahnschmerz durch das Stecken von Nadeln in ein Blatt heilen kann, hat doch diese Phantasieassoziation erleichtert, dadurch, daß sie eine Analogie darbot.

Man sieht aus der ganzen Ausführung, daß es auch Sydow schwer fällt, diesen ganzen Vorgang in den Begriff der Phantasieassoziation zu pressen. Es handelt sich gar nicht um eine Assoziation, sondern um eine Deutung, die aus der persönlichen Einstellung der Erlebenden entspringt. Weil die erlebende Person den betreffenden Volksglauben kennt und selbst mehr oder weniger daran glaubt, nur darum konnte das Erlebnis mit den Nadeln im Blatt mit dem Zahnschmerz in Verbindung gebracht werden. Daß bei dieser Deutung wie bei allem Denken Komplexe mitgespielt haben und das Ungewöhnliche des Blattes mit den Nadeln Verbindungen wecken konnte, kann nicht bestritten werden, nur daß eine „Assoziation" bei dem ganzen Vorgang das eigentlich Auslösende, Konstituierende war.

Ähnlich verhält es sich bei anderen Beispielen. Wenn Sydow erklärt, es handle sich nicht um gewöhnliche Assoziationen, und das Ereignis hervorhebt, das die Aufmerksamkeit fesselt und die Phantasietätigkeit anregt, so ist es psychologisch falsch und irreführend, diesen Vorgang eine Phantasie- oder Emotionalassoziation zu nennen. In vielen Fällen handelt es sich um Synästhesien oder Deutungen von auffallenden Erscheinungen, bei denen sich die persönliche mehr oder minder abergläubische Einstellung und Gefühlslage des Erlebenden oder Deuters verrät.

Man versuche sich nur selbst an die Stelle des Mädchens in dem besprochenen Beispiel zu denken. Ich würde nicht glauben mein Zahnweh sei durch die Berührung mit den Nadeln entstanden, obwohl ich bestimmt an die genannten Vorstellungen des Volksglaubens denken müßte und zwar sehr gefühlsbetont mit Freude über dieses volkskundliche Erlebnis. Vielleicht könnte ich sogar zu anderen sagen, wenn ich jetzt abergläubisch wäre usw. Also die fragliche Gedankenverknüpfung wäre auch bei mir vorhanden, aber auf Grund meiner Einstellung käme ich nie dazu durch diese Verbindung an ein ursächliches Verhältnis zwischen meinem Zahnschmerz und dem Blatt mit den drei Nähnadeln zu glauben.

Vielleicht macht ein einfacheres Beispiel den Sachverhalt noch klarer: In einer Erzählung von Möricke denkt ein kleiner Junge nach wie er seinen armen Eltern beim Erwerb helfen könnte. Er kommt schließlich dazu, das Beste wäre, er sammelte Besenreisig. Sein kleines Herz ist ganz erfüllt von diesen Plänen und seinen künftigen Erfolgen. Als ihn der Lehrer in der Schule fragt: „Wieviel ist sechs mal sechs?" antwortet er mit Sicherheit: „Besenreisig." Hier ist es klar, daß nicht die Ähnlichkeit zwischen 36 und Besenreisig, die sicher die Versprechung erleichtert hat, sondern das volle Herz des Kindes die für den Lehrer sonderbare Antwort hervorgebracht hat.

In anderen Fällen bei Sydow (60), wie bei der Eiche des Gehängten kann es sich um Gefühlsübertragung, vielleicht um echte Synästhesie ebensogut als wie um nachträgliche Deutung handeln. In den meisten Fällen steht nämlich die Sache so, daß die Frage wie haben sich diese Dinge assoziiert? verfehlt ist; sie waren nämlich niemals getrennt[1].

Mit der Feststellung, daß eine Assoziation in solchen Fällen mit im Spiele ist, ist daher kein Ursachenverhältnis aufgedeckt und auch nichts Wesentliches erklärt[2], höchstens in günstigen Fällen ein Wink für die Gefühlslage und Einstellung des Erzählenden gefunden, in keinem Fall aber eine Eigentümlichkeit des Denkens des Volkes beschrieben.

Damit fällt aber auch die Behauptung Sydows, daß auf Grund der Phantasieassoziation ein großer Teil der Überlieferung als Dichtung ohne Zusammenhang mit schon vorhandenen Glaubensvorstellungen anzusehen sei. Gerade die von Sydow (61) sekundär genannten Vorstellungen, die anschließend an ein auffallendes Erlebnis gedeutet werden, müssen an schon Vorhandenes anknüpfen, sonst wären es Urschöpfungen. Da alle in einem Strom der Überlieferung leben, werden derartige Urschöpfungen nur weitergegeben und nur verstanden, wenn sie der Einstellung und dem Fühlen der Hörenden gemäß sind, sonst werden sie sie gleich wieder vergessen. Handelt es sich bei

[1] Vgl. Müller-Freienfels 2, 263. [2] Vgl. auch Alfred Bertholet, Das Wesen der Magie.

dem, was Sydow theoretisieren nennt, um loses Daherreden, so wird es kaum, wie er meint, den Volksglauben aus dem eben erwähnten Grunde beeinflussen können. Wie groß die Wahrscheinlichkeit für wirkliche Phantasietätigkeit bei derartigen Beispielen wie sie Sydow bringt, ist, davon wird gleich später noch die Rede sein. Die so wichtige Frage, ob eine Überlieferung sekundär sei oder nicht, läßt sich nicht durch die von Sydow vorgeschlagene Einführung des Begriffes Phantasie- oder Emotionalassoziation lösen. Eine derartige Scheidung wird sich überhaupt auf psychologischem Wege nicht erreichen lassen. Aus der psychischen Beschaffenheit eines Erlebnisberichtes kann man keinen Schluß auf sein entwicklungsgeschichtliches Alter ziehen. Mancher, der heute ohne Anteilnahme eine Überlieferung über einen unheimlichen Ort nachredet, kann morgen in aufgeregtem Zustand ein Urerlebnis haben und seine Erzählung wird nicht nur sekundär sein.

Sicher ist das „Ungewöhnliche" bedeutsam für die Überlieferung, in dem gerade auffallende Dinge (besonders gestaltete Bäume oder Steine z. B.) zu Deutungen Anlaß geben und damit Überlieferungen Gelegenheit finden wieder aufzutauchen. Die Überlieferung rankt sich in vielen Fällen geradezu an derartigen Erscheinungen weiter. Als Beispiel diene die Erzählung „Im Brauerhaus" von Storm. Die Deutung einer fingerartigen Hefeansammlung im Braukessel als Daumen eines kürzlich Hingerichteten, brachten den ehrlichen Bierbrauer um seinen guten Ruf und um seine Kundschaft. Auch die Aufklärung des Falles durch die Obrigkeit änderte kaum etwas. Die Leute glaubten eben doch, daß es sich um eine Zauberhandlung drehe, da nach dem Volksglauben der Daumen eines Hingerichteten unter die Schwelle vergraben, Kundschaft ins Haus strömen läßt[1]. Das zeigt auch, daß die Quelle der ganzen Sache nicht in einem Fehlurteil lag, sondern in affekt- und willensmäßige Einstellungen. Voraussetzung der Ereignisse waren: 1. der erwähnte Volksglaube, 2. daß dem Hingerichteten wirklich ein Daumen weggenommen worden war, also die tatsächliche Glaubenshandlung, 3. daß der Brauknecht nachts an der Richtstätte gesehen worden war, 4. daß ein

[1] S. Korrekturnote S. 124.

Kunde zur selben Zeit einen fingerähnlichen Hefewulst im Bier fand. Hier waren es also mehrere „ungewöhnliche" Ereignisse, die zu der verhängnisvollen Deutung führten. Aber es ist auch klar, daß diese Deutung niemals ohne die überlieferungsmäßigen Voraussetzungen möglich gewesen wäre. Anders steht es mit Erklärungssagen, bei denen weniger das Verwobensein des Überlieferers mit dem Gemeinschaftsglauben, als logische, intellektuelle Einstellungen ausschlaggebend sind. Gegen derlei Gedankenprodukte erhebt Sydow teilweise berechtigte Zweifel. Im nächsten Abschnitt wird das Gebiet der „freien" Gedankenschöpfung eingehend besprochen werden.

Zusammenfassend läßt sich sagen, daß der Denkverlauf nicht durch Verknüpfungen (Assoziationen) von Einzelvorstellungen, die durch Ähnlichkeit oder Berührung sich verbinden, bestimmt werde, sondern daß es Gefühle, Strebungen, Erfahrungen, Willensakte sind, die dem Denken Richtung verleihen.

Es wäre ein Vorteil, wollte man mit den Ausdruck „denken" etwas vorsichtiger umgehen, so z. B. nicht von magischem Denken, sondern von magischem Verhalten reden. Die Reaktion der gesamten Seelenkräfte, die auch stark typologisch bedingt ist, kommt dabei besser zum Ausdruck.

2. Die Phantasie und Wirklichkeitsgehalt

Bei der Besprechung der Denkvorgänge muß noch ein zweiter Ausdruck, mit dem viel Mißbrauch getrieben wird, besprochen werden, nämlich Phantasie. Die schöpferische Bewußtseinstätigkeit, die man damit meint, wird teils als Denken, teils als Phantasie bezeichnet.

Psychologisch lassen sich beide Begriffe nicht trennen, in der eigentlichen seelischen Funktion besteht kein Unterschied. Es gibt kein produktives Denken ohne Phantasie, und Phantasieschöpfungen wie Kunstwerke entstehen nicht ohne zielbewußtes Denken. Alle Versuche feste Kriterien für die Phantasie aufzufinden, haben sich als unzureichend erwiesen (Müller-Freienfels 2, 285 ff.). Besonders eine Eigenheit schien geeignet, den Unterschied von anderen Funktionen zu erweisen, nämlich die Neuheit der Ergebnisse. Aber auch das hält beim näheren Zusehen nicht Stich. Auch wissenschaft-

liche Entdeckungen sind Neuschöpfungen in ähnlicher Weise wie Kunstwerke. Viele große Dichter haben ihren Stoff nicht „erfunden", sondern vorhandenen Stoff umgestaltet. „Das Erfinden aus der Luft war nie meine Sache" sagte Goethe[1] (nach Müller-Freienfels 2, 287). Fast immer, — und das ist für die Volkskunde das Wichtige — bezieht sich die Neuheit des Phantasiegebildes nicht auf den stofflichen Inhalt, sondern auf die Art der Behandlung, auf die Beherrschung des Stoffes. Der Stoff aber stammt aus der Erfahrung, ist Neuschöpfung von noch nicht Erlebtem auf Grund von schon Erlebtem. Je geringer die künstlerische Gestaltungskraft ist, desto stärker tritt das Stoffliche hervor, man darf daher aus psychologischen Gründen auch in der Volksdichtung und in den sogenannten phantastischen Überlieferungen einen Erfahrungs- und Erlebniskern vermuten[2]. Da es naheliegt, unverständlichen Stoff in der Überlieferung als Phantasiegebilde abzutun, so ist es wichtig, einen sicheren Begriff des Wortes Phantasie zu besitzen. Man meint nämlich in diesen Fällen freie spielerische Phantasien ohne Anknüpfung an den übrigen Stoff. Im Vers. C hat sich klar gezeigt, daß die Phantasieaufgaben, auch wenn sie sehr „phantastisch" wirkten, wie die der Vp. 14 in allen sachlichen Einzelheiten, ja auch in dem mir zuerst neu erscheinenden Grundgedanken — Bestrafung des Tierquälers durch den Krampus (Knecht Rupprecht) — für den ich später eine Vorlage fand, aus der Erfahrung, will sagen Überlieferung stammen[3]. Nur eine Vp.[4] hat wirklich eine Phantasieschilderung im Sinne freier Phantasie geliefert. Der Grund hierfür ist, wie ich mir sagte und die Vp. später bestätigte, daß diese Vp. psychologisch geschult sich überlegt hat, was Phantasie eigentlich bedeute und zu dem Schluß kam, in einem wissenschaftlichen Versuch müsse wohl freie spielerische Phantasie gemeint sein. Diese Vp. ließ in ihrer Nacherzählung ein kleines Mädchen so sehr in die Rolle des strafenden Krampus, des Richters über die anderen Kinder hineinwachsen, daß es schließlich vor sich selbst davonlief. Die Phantasieaufgabe knüpft an den letzten Gedanken an:
Während das kleine Mädchen so vor sich selbst davonlief und dahinstürmte,

[1] Vgl. Eckermann, Gespräche mit Goethe (Max Hesses Verlag, Leipzig) 34 f. [2] Vgl. Ranke, Volkssagenforschung 27 ff. Kroh 36. [3] NdZVk 13, 159 f. [4] Ebd. 174.

spürte sie, wie sie riesengroß über sich hinauswuchs. Sie sah sich als Richterin in einer Gestalt, die von der Erde bis an den Himmel reichte, feurige Blitze zuckten aus ihren Augen, die entsetzlich düstere Nacht jäh erhellend, die Haare flatterten in endlosen Strähnen wirr um das Antlitz. Wenn sie mit der Rute, weitaus größer als die höchsten Türme, die sie je gesehen, drohte und sie bewegte, dann war es ihr, als ob ein entsetzlicher Sturmwind dahingehe, stärker als alle Stürme, die sie je erlebt. Während sie so in riesenhafter Gestalt dahinstürmte, war ihr, als ob es von allen Seiten in tausendstimmigem Chore riefe: Verzeihung! Verzeihung! und unter denen, die da riefen und schrien stand auch ein kleines Mädchen, und das war — sah sie auch recht? — sie selbst. Und wie sie so hinsah, achtete sie des Weges und seiner Steine nicht. Sie stürzte, sie meinte den Donner einer zusammenstürzenden Welt zu vernehmen.

Die Vp. gibt in der Aufgabe des letzten Versuchsteiles: Versuchen Sie bitte mitzuteilen, woher sie die einzelnen Momente ihrer Schilderung haben, was für Vorstellungen und Gedanken sie während dieser Arbeit hatten, Folgendes an:

„Ich beziehe diese Frage auf die Schilderung C 4, in der ich meiner Phantasie freien Lauf gelassen habe. Woher die einzelnen Momente rühren, ist schwer zu sagen. Wahrscheinlich spielt vieles hinein: Bilder vom Jüngsten Gericht, die ich im Laufe der Jahre gesehen, Erzählungen über das Jüngste Gericht usw. Ich war dabei von der Vorstellung erfüllt, ich selbst sei das kleine Mädchen und sei von seinem Leiden gequält. Daß dabei Übertreibungen unterlaufen sind, ist darauf zurückzuführen, daß mir ja vorgeschrieben war, grausig und phantastisch darzustellen."

Auch bei dieser Phantasieaufgabe spielt eine Überlieferung und verschiedene Darstellungen derselben, also Vorlagen aus der Erfahrung mit. Allerdings aus Überlieferungen, die dem im Vers. gegebenen Stoff, völlig fremd sind. Und damit ist denn auch der Kern getroffen, was damit gemeint ist, wenn Motive als phantastisch bezeichnet werden, sie haben nichts mit dem Stoff, dem Hauptthema zu schaffen, gehören nicht in den Zusammenhang. Die

Forschung auf dem Gebiet der Volkskunde hat aber gezeigt, daß (ähnlich wie im Vers. C) solche artfremde Zusätze, wenigstens nicht die Regel sind. In den Phantasiebegriff des Alltags wird oft ein Moment von Ursachlosigkeit hineingelegt. In Wirklichkeit ist jeder Mensch eine seelische Einheit, jedes Glied des Bewußtseins steht in Verbindung mit früheren Erlebnissen, so daß es beim gesunden Individuum keine „ursachlosen" Bewußtseinsinhalte gibt. Immer wieder ist zu bedenken, daß in älterer[1] Zeit die volksmäßigen Erzähler ihrem Stoff gegenüber gefühlsmäßig und sozial gebunden waren. Was dann bewußt oder unbewußt hinzugefügt wurde, gehörte meist an diese bestimmte Stelle. Zwei Gesichtspunkte sind dabei zu beachten: 1. Der Typus des Erzählers. Vor allem beim Synästhetiker kann man große nur subjektiv bedingte, d. h. in den meisten Fällen für andere nicht verständliche Änderungen und Entstellungen erwarten. Aber bei diesen Fällen spricht sehr viel dafür, daß sie in der älteren Volksüberlieferung keinen Einfluß gewinnen. Im Volke, wie auch bei den Tiefkulturvölkern[2], gibt es zu allen Zeiten Zweifler, Eigenbrödler und Ungläubige. Sie werden meist gemieden, sind nicht beliebt, soweit sie ihre Ansichten verraten, und scheinen auf die Gemeinschaft, solange diese bindende Überlieferungen besitzt, keinen Einfluß zu haben. Erst wenn die Gemeinschaftsbande sich lockern, treten die Individualisten stärker hervor. Abgesehen von diesen Typen und im Hinblick auf die objektiven Erzähler muß hervorgehoben werden, daß 2. jede Erzählung sozusagen psychische Schwerpunkte[3] hat, schicksalhafte Einschnitte, wie Geburt, Hochzeit, Tod, Prüfungen aller Art, die für alle gefühlsbetont sind und verwandten Stoff aus eigener Erfahrung und aus dem Überlieferungswissen erwecken. Die eigenen Erfahrungen, die hier vor allem in Betracht kommen und deren enger Zusammenhang mit der Überlieferung, wurden in den vorhergehenden Abschnitten besprochen.

Eine wichtige Aufgabe der Volkskunde besteht darin, sogenannte Phantasie-

[1] Jetzt ist es allerdings anders geworden. Vgl. Henssen 19. [2] Andrae, Die Frage der religiösen Anlage religionsgeschichtlich beleuchtet. [3] Weiser, Altgerman. Jünglingsweihen usw. 71.

gebilde als Reste, z. T. entstellte Reste von Wirklichkeitsberichten zu entschleiern. Man denke an die vielen Sagen von vergrabenen Schätzen, die sich bei Ausgrabungen als Erinnerungen an Tatbestände entpuppt haben[1]. Viele andere Sagenkreise, z. B. über Berserker, Werwölfe, wilde Jagd, die man früher als Phantasiegebilde auffaßte, bewahren Reste von Wirklichkeitsberichten über Kulte und soziale Einrichtungen[2]. Den Berichten von Zwergen in den Fornaldarsagen, die man früher nur als literarisches Motiv ohne Entsprechung im Volksglauben ansah, entspricht eine reiche volkstümliche Überlieferung über Zwerge in Norwegen[3] usw. Psychologisch ist das an und für sich voll verständlich, aber auch hier kann selbstverständlich nur die volkskundliche vergleichende Forschung, die Sprach- und Geschichtswissenschaft ins Reine bringen, woher die Reste stammen und in welchen Zusammenhang sie gehören.

So hat man denn allen Grund mit der Bezeichnung „Phantasiegebilde" vorsichtig zu sein. Die gefühlsmäßige Gebundenheit des einzelnen Volksmenschen an die Gemeinschaft einerseits und die Abhängigkeit seines Wahrnehmungs- und Gedankenlebens von derselben Gemeinschaft andererseits bilden die psychischen Grundlagen der Überlieferung. Daher kommt es auch, daß volkskundliche Arbeiten wie die über Waldgeister von Granberg, der, obwohl er seine Arbeit psychologisch nennt, nur die alten Assoziationen und einen unanalysierten Halluzinationsbegriff anwendet, durch seine Untersuchung der Beziehung zum Alltagsleben der Überlieferer, der Gebundenheit bestimmter Sagenzüge an bestimmte Berufsgruppen[4], doch zu einer

[1] Z. B. Volkskunde und Vorgeschichte von Lutz Mackensen, NdZVk 3, 88ff. (1925). Forrer Un char de cult à quatre roues et trône 44ff. A. Kampenhausen, Schleswig-Holsteinische Sagen als Quelle geschichtlicher Forschung. NdZVk 13, 106ff. [2] Weiser, Altgermanische Jünglingsweihen und Männerbünde. O. Höfler, Kultische Geheimbünde der Germanen. R. Wolfram, Schwerttanz und Männerbund. Nils Lid, Til varulvens historie. Saga och Sed 1937. [3] Reichborn-Kjennerud I., Den norske dvergtradisjon, Norsk Folkekultur 1934, 85ff. Ähnlich mit anderen Motiven: Weiser-Aall, En studie over sagnet om hundekongen. Maal og Minne 1933, 134ff. Vgl. auch Haakon Shetelig, En historisk parallel til Volundsagnet. Maal og Minne 1932, 113. [4] Vgl. Haberlandt, Lebenskreise als ein Forschungsziel der Volkskunde.

ganzheitlichen funktionalen Auffassung des Überlieferungsgutes gelangt, wie sie selten erreicht worden ist. In diesem Zusammenhang muß auch die religiöse Volkskunde von Max Rumpf genannt werden.

So wenig wie phantasievolles schöpferisches Denken dem Alltag angehört, so wenig ist es im allgemeinen Sache der Menschen, über den engsten Rahmen ihrer Arbeit hinaus scharf und logisch zu denken. Für den Volkskundeforscher, der das Denken des Volkes kennzeichnen will, ist es daher wichtig, über das große Kapitel des Scheindenkens, über das jetzt eine Monographie[1] vorliegt, unterrichtet zu sein.

3. Denkverlauf und Glaube

Das Ergebnis des Denkverlaufes ist oft[2], bei Mitteilungen immer, in die sprachliche Form gekleidet. Hierin liegt eine große Schwierigkeit verborgen. Da die aristotelische Logik aus dem Satzbau der griechischen (einer indogermanischen) Sprache abgeleitet ist, so scheinen alle, die in diesen Sprachen richtige Sätze formen lernen, für uns auch wirklich logisch denken zu können. Deshalb ist es verständlich, daß bei volkskundlichen Betrachtungen logische und psychologische Gesichtspunkte vermischt werden. Die traditionelle Logik enthält jedoch nur Regeln, die sich auf Gedachtes, also auf das Ergebnis des Denkaktes beziehen, während es Sache der Psychologie ist, die eigentliche Denktätigkeit zu beschreiben und zu erforschen. Die Logik arbeitet mit festen, immer gleichbleibenden Begriffen, die Psychologie mit immerfort sich ändernden, im Flusse befindlichen Begriffen.

Psychologisch gesehen, kommt ein Urteil auf doppelte Weise zustande: 1. durch Stellungnahme zu einem Erlebnis, 2. durch deduktive Schlüsse (Syllogismen). Der eigentliche Verlauf kann in drei Abschnitte zerlegt werden, die zwar nicht immer deutlich geschieden sind, sich aber in jedem Denkverlauf nachweisen lassen: 1. Denkantrieb und Setzung des Denkzieles, 2. Bearbeitung des Problems, 3. Lösung und Verifikation. Avenarius

[1] W. Poppelreuter, Psychokritische Pädagogik. [2] Es gibt auch ein vorsprachliches Denken, das sogenannte Werkzeugdenken.

hat diesen Verlauf folgendermaßen beschrieben und seine Theorie des Denkprozesses Vitalreihenlehre genannt[1]. Der erste Abschnitt besteht in irgendeiner Weise in einer Bedrohung des seelischen Bestandes, der zu einer Reaktion treibt: „Unerwartetes", „Widersprechendes", „Unmögliches", „Abstoßendes" usw. Im nächsten Abschnitt wird versucht die Störung zu beheben. Das „Neue" wird einem „Bekannten" genähert, wird zu „Fraglichem", „Zweifelhaftem" usw. Die Änderung nähert sich mehr oder minder der Lösung. Diese tritt im dritten Abschnitt ein; hier wird aus dem „Unsicheren" ein „Sicheres", „Wahres". Es treten Klarheit und Evidenz (Gewißheitserlebnis), Beseeligung und Beruhigung ein; man fühlt sich erleichtert, befriedigt, befreit.

Der Denkantrieb ist fast immer eng verbunden mit praktischem Handeln und entspringt dem Gefühls- und Willensleben; auch die Sachlichkeit des Denktriebes ist ein subjektiver Tatbestand. Der grundlegende Denkantrieb liegt in der Wahrnehmung. Soll ein Denkantrieb weiter bearbeitet werden, so muß er begrifflich formuliert werden, d. h. als klare Fragestellung, die gelöst werden soll, aufgefaßt werden. Nicht alle Denkantriebe kommen zu begrifflicher Formulierung, sie werden dann aber auch meist nicht bearbeitet und gelöst. Die richtige Fragestellung aber ist von höchster Wichtigkeit, oft wird durch sie die Lösung vorweggenommen, jedenfalls wird sie eingeleitet. Diese Tatsachen finden einen treffenden Ausdruck bei Malwida von Meysenbug (Memoiren einer Idealistin 1, 42): „Ich fühlte sehr wohl, daß ich nicht fragen dürfe — daß das Wunder eben nur existiere, solange man nicht frage, sondern glaube." Viele Denkantriebe werden aber gleich wieder vergessen oder mit einer Scheinlösung erledigt oder aber auch sofort wirklich gelöst. Beim Denken im engeren und strengen Sinn meint man jedoch die geistige Bearbeitung einer klaren Frage, mehrere Versuche mit verschiedenem Stoff, ein Experimentieren in Gedanken, bis sich aus der Fülle der Möglichkeiten eine Lösung als die richtige darbietet. Für eine längere Bearbeitung ist es nötig, daß der Denkantrieb nachhaltig wirkt und das geschieht nur, wenn die Gefühle, die den Denkantrieb gegeben haben,

[1] Müller-Freienfels 2, 296ff.

stark sind. **Das zielstrebige Denken** ist demnach eine **Sonderform des zielstrebigen Handelns, des Willensaktes überhaupt.** Bei Lösung von langsichtigen Problemen verläuft ein großer Teil der Bearbeitung unbewußt und z. T. unbeachtet. Da das Denken nicht nur den Kopf, sondern den ganzen Menschen beansprucht, ist die Gesamtverfassung, Müdigkeit, Hunger usw. von einschneidender Bedeutung. Die Bearbeitung des Denkantriebes ist höchst verschiedenartig auch nach der Einstellung. Beim autistischen oder subjektiven Denken, Vorsichhinträumen wird auf die Bearbeitung der Frage kein Gewicht gelegt, während beim praktischen Denken eben darin die Hauptsache besteht. Die Lösung besteht ebenfalls aus drei Teilen: Lösungsakt, Lösungsbewußtsein und Verifikation. Der Lösungsakt ist derjenige Lösungsversuch, der nicht mehr auf Hemmungen stößt; dieser Durchbruch ist begleitet vom Lösungsbewußtsein. Doch kann sich das Lösungsbewußtlsein erst nach der Überprüfung (Verifikation) des Ergebnisses einstellen. Nun ist das Lösungsbewußtsein, das die Logik Evidenz nennt, wieder ein subjektives Erlebnis und braucht durchaus nicht objektiv richtig zu sein. **Die immer stark gefühlsbetonte Seite des Evidenzgefühles ist der Glaube.** Objektive Evidenz braucht keinen Glauben zu erzwingen und ist Wille zum Glauben vorhanden, so können objektive Beweise ihn nicht ausrotten. Soweit es sich um praktisches Denken und Handeln dreht, wird dieses immer in der Wirklichkeit auf seine Richtigkeit geprüft. Daß die Lösung überprüft wird, darin besteht ein Hauptunterschied des Denkens im strengen Sinn, vom Glauben, der diese Verfizierung nicht braucht. Und hierin liegt letzten Endes der Grund für das doppelte Verhalten des Volkes, das einerseits so praktisch eingestellt und arbeitstüchtig ist, andererseits immer bereit ist, sich magisch zu verhalten, eine Doppelseitigkeit[1], die bei Tiefkulturvölkern vielfach beobachtet wurde und da natürlich stärker hervortritt. Das praktische Denken ist ohne Wirklichkeitsbezug nicht möglich. Bei dem magischen Verhalten kommt es nicht zur Verifikation, der Denkantrieb wird bereits im Glauben abreagiert. Es ist nämlich ein

[1] Rumpf, Religiöse Volkskunde 299ff.

Mißverständnis, daß Zauber und Magie vorzugsweise auf Denkakten im strengen Sinn beruhen. Zauber ist vor allem Handlung, Willensakt. Die Zauberhandlung ist ein Lösungsversuch, wie der zweite Abschnitt des Denkverlaufes, und das Evidenzgefühl, Sicherheit der Wirkung beruht auf der Antizipation der Wirkung. Das Gewißheitserlebnis ist um so stärker, je stärker der Antrieb war. Die meisten Ausdrücke für Zaubern bedeuten daher ursprünglich „tun", „machen". Wenn vom Denken als Zaubermittel die Rede ist, so ist doch auch ein Handeln mit einem stofflich aufgefaßten Gedanken, der geworfen oder geblasen wird, gemeint. Daneben hat nicht minder der Ausdruck der Willenshandlung, das Wort, alles Gesprochene, Gesungene, Geschrieene zauberische Wirkung (HdA „verhexen"). Denkt man an das obige Beispiel vom Sektpfropfen, so liegt seine spätere magische Kraft ausschließlich in der wiederholten Handlung, die mit ihm vorgenommen wird; die Ausgangslage war profan und zufällig. Ein sehr bezeichnendes Beispiel magischen Verhaltens einer Zeitgenossin teilt Peuckert mit[1]. Aus einigen Tatsachen aus ihrer Jugend geht hervor, daß sie eidetische Erlebnisse hatte und dem Synästhetikertypus anzugehören scheint, so daß sie vieles als unmittelbar zusammengehörig und verbunden erlebt, was für andere ohne Beziehung zueinander ist.

Psychologisch gesehen, besteht kein Unterschied zwischen dem magischen und religiösen Erleben. Beide sind Reaktionen auf erschütternde Erlebnisse, Versuche dazu Stellung zu nehmen. Es sind vor allem drei Arten von Erlebnissen, die zu Glaubensreaktionen führen: 1. Tiefgreifende innere Erlebnisse, 2. katastrophale Wahrnehmungen, 3. religiöse Bräuche und Überlieferungen. Je mehr die letzteren die Möglichkeit zur Selbstbetätigung geben, desto besser entsprechen sie dem Drang zur Handlung, die das befreiende Gefühl der Glaubensgewißheit mit sich führt. Diese wenigen Bemerkungen vom Standpunkt der allgemeinen Psychologie aus mögen genügen. Die zuletzt besprochenen Fragen gehören vor allem in das Gebiet der Religions- und Sozialpsychologie.

[1] Magie im schlesischen Vorgebirge. ZVk VII (1937) 102ff.

Anhang

1) Auszug aus den Protokollen über eidetische Versuche[1]

1. Vp. A. A. hat mir auch sonst wertvollen volkskundlichen Stoff mitgeteilt, allerdings etwas zögernd und offenbar mit einem gewissen Mißtrauen, ich würde die Dinge nicht ganz ernst nehmen. Sie nahm an den Vorversuchen zum Vers. C teil. Hier zeigte es sich, daß ihr Wissen um und Glaube an alte Überlieferung im Streite mit ihren christlichen Vorstellungen liegen, und sie es als Pflicht empfand, in der Nacherzählung christlich belehrend umzudeuten. Aber öfter brechen sozusagen ihre Mitteilungen und Erzählungen über Wichte u. a. aus ihr hervor, sie muß ganz einfach damit kommen. Ihre Lebhaftigkeit beim Erzählen, ihre merkwürdig anschauliche Art, als ob sie alles eben zum erstenmal sähe und erlebe, veranlaßten mich sie zu prüfen, ob sie eidetisch sei. Vp. ist 37 Jahre alt.

Nachbildvers. Zunächst erschien beim roten Quadrat 5 cm, wie sie behauptete, kein NB, auch nicht bei starker Beleuchtung und 20″ Fixation. Nach verschiedenen Vers. ohne Erfolg ging ich weiter, da auch W. Jaensch berichtet, daß halbgebildete Vp. oft das physiologische NB ableugnen. Ich weiß also nicht, wie diese Aussagen der Vp. zu beurteilen sind. Bildversuche: Vergißmeinnichtstrauß in grünem Glas, 30″: Lichtblau, lichter als Urbild, wird deutlicher, klare gelbe und dunkle Punkte in den Blumen. 2. Eulenspiegel: klare schöne Farben, rasch verschwunden. 3. Pferdeköpfe: kommt langsam, wird deutlich, Einzelheiten, grüne Farbe am Geschirr, weiße Flecken am braunen Kopf, kann die Nummer, die zufällig zwischen den Ohren der Pferde hängen geblieben ist, 1 mm hoch, im AB lesen, 158, die sie bei Betrach-

[1] Über Versuchsanordnung W. Jaensch 168 ff. Der Projektionsschirm steht, wenn nichts anderes angegeben ist, 50 cm von der Vp. entfernt. Das Kinn wurde aufgestützt, damit die Entfernung gleichbleibt. Die Bilder sind ausgestanzte Glanzbilder mit starken Farben, wenn nichts anderes erwähnt wird.

tung des Bildes nicht bemerkt hatte. AB wird durch Anzünden einer starken Schreibtischlampe schwach und verschwindet rasch. Silhouette aus W. Jaensch Abb. 20 (Münchener Bilderbogen): Betrachtung mit wanderndem Blick 15″: Grauweiß, nicht sehr deutlich, aber viele Einzelheiten. Hielt sich lange. Konnte schließlich sehen, daß die Dame einen Regenschirm nach rückwärts streckt, meinte die zwei Männer weiter rechts stritten. Drei Hunde im Vordergrund, ein Mann, der lacht, links von dem Mann mit dem Karren. Aus dem Koffer fällt eine Zange (Schere in Wirklichkeit). Kirche mit Bäumen im Hintergrund. Vorne Laternenpfahl, links Häuser ohne genauere Angaben. Neuerlich farbige Bilder. Auto: 20″, nach längerer Zeit oberer Teil des Autos deutlich, zwei Menschen darin. Mann am Steuer braune Kleider, zweite Person blaue. Hintergrund sehr klar, zwei Pappeln, Haus, Berg. „Können Sie die Pappeln nach rechts versetzen?" „Schwer, dann verschiebe ich ja alles." „Das macht nichts, versuchen Sie nur." „Jetzt sind die Pappeln rechts und links keine mehr, es geht doch ganz leicht." „Also schieben Sie die Pappeln zurück." „Ja, es ist wie früher, aber dünner." Bald darauf verschwindet alles. Nun ließ ich von allen früheren Bildern AB herstellen ohne wieder vorzuzeigen. Das gelang sehr rasch, die AB waren etwas deutlicher, doch nicht mit neuen Einzelheiten, auch die Silhouette wies keine neuen Einzelheiten auf. Vp. kann das AB verlöschen und wieder entstehen lassen. „Können Sie unser Landhaus auf dem Schirm sehen?" „Oh ja, und mit einem vergnügten Lächeln, „jetzt kann ich alles sehen, was ich will." Und nun erzählte sie. Als Kind habe sie sehr gelitten unter solchen Bildern, die sie nicht willkürlich beeinflussen konnte, wie jetzt im Vers. Es habe sich mit den Jahren etwas verloren, da sie es zu unterdrücken versucht, weil sie die Sache nicht für recht angesehen habe. Sie hat öfter erlebt, daß sie z. B. ihren Fingerhut an einer Stelle sieht, hingreift und sich wundert, daß er ziemlich weit ab liegt.

2. Vp. G. H., geb. 1912. Vers. I. 15. X. 36. War mir durch die Art ihrer Wiedererzählung (Vp. 28) im Vers. C aufgefallen. Die Untersuchung ergab eine sehr ausgesprochene eidetische Anlage. Rotes Quadrat 20″ Fixation,

sofort grünes Q. wird lichter, dunkler, schwarzer Punkt in der Mitte, schwarze Streifen, dunkles Q. rote Striche, schwarzes Q., längliches Ei schwarz, tropfenartige Punkte, schwarze Striche, Punkte, Striche, schwarze Punkte, großes Q. über die ganze Fläche, weiße Striche, Q. groß, klein mit lichter und lichter werdenden Rändern. Verschwindet. (Die Veränderungen so rasch, daß sie gerade nachstenographiert werden konnten.) Vergißmeinnichtstrauß: 20″, sofort Konturen, blau mit gelben Punkten, dunkle Punkte in der Mitte, helle Ränder, Streifen, dunkles Quadrat. (Die Zwischenzeit war also zu kurz gewesen, das NB des roten Quadrates wirkte noch weiter. Wir warteten nun, bis es nicht mehr kam.) Eulenspiegel: grüne (komplementär) Hosen, gelbe Kugeln mit schwarzen Punkten drin. Bergsteigerbild (weil die Vp. gerne wandert): Himmel blau, Abendrot auf den Bergen, drei verschiedene Grün weiter unten. Luftschiff: grün (komplementär), 4 Ecken(?), länglich, sehr uninteressant. Pferdeköpfe: Augen, Nüstern deutlich, jetzt kommen die Köpfe, die Augen werden immer größer, pfui wie scheußlich. Silhouette W. Jaensch Abb. 20: 20″ Fixation: sofort einige Einzelheiten. Später nach Betrachtung mit wanderndem Blick 10″: zunächst nicht mehr. Bei geschlossenen Augen: Telegrafstangen in der Mitte, 2 Vögel, Haus links, Kirche rückwärts, oh wie komisch die zwei Frauen auf dem Dach winken, die Vögel fliegen, urbildmäßig immer deutlicher. Über der Tür rechts steht Eingan ohne g am Schluß. Daneben Laterne, Gaslaterne, wie eine echte alte Wiener Gaslaterne. Ich: mit einer runden Kuppel? Aber nein, zeigt die richtige Form mit der Hand. Da ist auch ein Plakat. Ich: kannst Du lesen, was darauf steht? Nein, aber die obere linke Ecke ist eingerollt, untere rechte Ecke fehlt, jetzt kann ich in der Mitte lesen (buchstabiert langsam) G-e-r-m-a-n-i-a-, die übrigen Zeilen konnte Vp. nicht lesen. Weiter bei geöffneten Augen: Der Mann, der den Gepäckkarren schiebt, hat eine Schirmmütze auf, mit einem weißen ausgesparten Streifen. Was hat die Dame für eine spitze Nase usw. Es folgen eine Fülle richtiger Einzelheiten über die Vordergrundszene, während der Hintergrund weniger deutlich war: Zwei in der Mitte laufen, links hinter dem Mann mit dem Karren steht einer, der lacht. Dann

Hintergrund wieder deutlicher: Auf dem hinteren Haus ist eine Fahne, eine Allee geht hinauf, rechts von der Kirche Laubbäume. Ich: Und links von der Kirche? Vp.: Da ist nichts, ach ja eine Pappel usw.

Dann ließ ich AB der früher gezeigten Bilder erzeugen, ohne sie noch einmal vorzuzeigen: sie waren sehr viel klarer. Oh, jetzt weiß ich wie man's macht, sagte die Vp. Eulenspiegel: Rote (oben grüne) Hosen, grüner Rock, so was Braunes darauf (es war eine Art Kragen), er wendet das Gesicht mir zu, oben vier Eulen, d. h. von der einen sieht man nur wenig, sein Kopf verdeckt sie. Hellbraune Schuhe mit gelben Metallkugeln an der Spitze. Ich: Hat er was auf dem Kopf? Ja eine rote Narrenkappe. Ich: Ist was an der Kappe? Vp.: Gelbe Kugeln. Ich: Wieviele? Vp.: Drei. Bergsteiger. Die Landschaft deutlicher, jetzt sehe ich erst, da hängt ein Kletterstrick herunter. Ich: Sind Menschen da? Der obere, der auf mich zukommt, hat ein rotes Gesicht, der untere, der mir den Rücken zuwendet, hat einen Rucksack auf dem Rücken. Ich: Kannst du den oberen am Strick herunterklettern lassen? Vp.: Nein. Ich: Versuch es nur. Vp.: Ja, jetzt kommt er, er ist schon aus dem Bilde heraus. Ich: Laß den unteren auf die Spitze kommen. Vp.: Ja, er ist schon da. Ich: Jetzt laß den ersten wieder hinaufklettern. Vp.: Ja, er kommt, jetzt stehen sie nebeneinander.

Vp., die nichts von ihrer Fähigkeit gewußt und auch nichts von Eidetik gehört hatte, erinnerte sich nun an mancherlei von früher, vor allem wieder an die große Angst der Kinderjahre, sie hatte alle möglichen Gestalten gesehen, wovon sie auch im Vers. C erzählt hatte. „Jetzt fällt mir auf, wenn ich Märchen erzähle — sie ist eine gute Erzählerin und erzählt gern — so habe ich bestimmte Bilder vor mir, die ich beschreibe. Bei Hänsel und Gretel z. B. das Bild aus meinem alten Märchenbuch." Nun folgt eine sehr eingehende Beschreibung des Bildes, genau wie die Beschreibung einer Wahrnehmung. Beim Eisessen muß Vp. immer an ein Bild in ihrem ersten Bilderbuch denken, das sie in derselben Weise eingehend beschreibt. Vp. sieht oft Dinge wo anders liegen und greift falsch. (Weitere Berichte der Vp. G. H. s. o. S. 19).

Vers. II. 25. X 36. Emmertsche Gesetz. NB des roten Quadrates (5 cm) mit schwarzem Fixierpunkt in der Mitte. NB grün mit weißem Punkt in der Mitte. 50 cm Abstand NB 4.5 cm; 100 cm Abstand NB 6.3 cm; 150 cm Abstand NB 5 cm; 50 cm Abstand NB 6.7 cm; 20 cm Abstand Rechteck 16 cm Länge, 12.4 cm Höhe (vgl. Grundformen 104 f.). Messungen am AB: Vorlage scharf umrandetes Bild 4.3 × 3.9, rotes Auto usw. 50 cm Abstand längere Seite 5.1 cm; 100 cm Abstand AB 7.8 cm; 150 cm Abstand AB 6.2 cm; 50 cm Abstand AB 7.5 cm; 20 cm Abstand AB 11.4 cm. Müller-Lyersche Figur: AB der Figur mit den nach außen gerichteten Pfeilen (Originalgröße 2.5 cm) war 7.8 cm lang; wurde beim tiefen Einatmen länger, beim Ausatmen wieder kürzer, wie ein Gummistrick, sagte Vp. Das AB der Figur mit den nach innen gerichteten Pfeilen (Urbild 2.5 cm) war 2.1 cm lang und konnte leicht „stark zusammengedrückt" werden (vgl. Grundformen 136 ff.).

Bardorffs Figuren: Fig. 6 in Grundformen 142. Nach der Aufforderung, die drei Kreise gleich groß zu sehen: Der linke wird kleiner, der rechte größer. Jetzt gleich groß, wenn ich sage, daß der mittlere größer werden soll, der mittlere hat einen grauen Rand, jetzt alle drei. Abb. 7. Der mittlere wird kleiner, geht glatter als der erste Vers. Abb. 8 S. 143. Die unteren sind gleich geworden, sind kleiner geworden. Obere Reihe ist noch nicht gleich, die zwei mittleren sind gleich groß in beiden Reihen, jetzt sind alle gleich groß, alle rotieren, Gefühl des Schielens. Obere Reihe war schwerer.

Kopfneigungsversuch (vgl. Grundformen 102). Von einer kräftig grün bemalten, 13.7 cm hohen Holzpappel aus einer Spielzeugschachtel wurde ein komplementäres NB erzeugt. Beim ersten Vers. folgte das NB allen Neigungen des Kopfes. Vp. erklärt, das NB sei sehr undeutlich, tatsächlich war der Gegenstand auch schlecht beleuchtet gewesen, hatte Schatten geworfen. Wiederholung bei schattenfreier Beleuchtung. Bei einer Neigung von 15° folgt das NB mit, bei 30° Kopfneigung verharrt es in der vorigen Neigung, bei 60° Kopfneigung richtet sich das NB senkrecht auf.

Dichte der AB. AB des Autos (ohne Vorzeigung des Originales) erscheint sofort, der Schilderhaushintergrund wird gesehen, der Ziegelhintergrund nicht. Der Schilderhaushintergrund wird wieder aufgehängt und nicht gesehen, auf Befehl wird er gesehen, verschwindet wieder auf Aufforderung. Dann vermischen sich die Hintergründe und im Hintergrund des AB treten z. T. schwarze Streifen hervor. Bei dem AB eines Bootes, das nach 11″ Betrachtung erzeugt wird, wird der Schilderhaushintergrund nicht gesehen, erst nach 2 Minuten treten die schwarzen Streifen im Hintergrund des AB stark hervor. Derselbe Vers. wurde etwas später mit demselben jetzt ohne Vorlage erzeugten AB wiederholt, dabei traten die schwarzen Streifen des Schilderhaushintergrundes nur in dem quergestreiften Badeanzug der Person im Boot hervor, so daß der Anzug karriert erschien.

Gedächtnisversuch: Vp. erzeugte AB der vor 10 Tagen beim ersten Vers. vorgezeigten Bilder. Der Beschreibung nach schienen diese AB dem Urbild genau zu entsprechen, wenn ich aber nach der Beschreibung das Urbild zeigte, war Vp. erstaunt. Beim Bergsteigerbild: AB viel kleiner, die Felsen nicht so steil, alles weiter weggerückt. Bei den Pferdeköpfen waren die Ohren ganz anders.

Vp. betrachtet ein in den Farben sehr zartes, etwas eintöniges Bildchen mit zwei Segelbooten, 20″. AB in allen Einzelheiten klar und farbentreu. Vp. sieht im AB die im Urbild nicht gesehenen 1 mm hohen Zahlen, 12 auf dem Segel des hinteren Bootes, 7 auf dem Segel des vorderen Bootes und 11 sehr undeutlich im Wasser neben dem rechten Boot. (Diese letzte Zahl ist im Urbild kaum zu sehen und steht ganz unmotiviert da.)

Vp. erzeugt dann AB von zwei der vor einer Stunde vorgezeigten Bilder Auto und Boot nebeneinander.

Zum Schluß gab ich ihr ein an Einzelheiten sehr reiches, in den Farben sehr zartes Bild von Schüz „Mittagsruhe in der Ernte" zur Betrachtung, solange sie es zur Bildung eines AB benötigte. Das Bild gefiel ihr sehr gut, sie gab es nach 1 Minute zurück. AB mit Fülle von Einzelheiten, die durch Fragen wie: Siehst du weiter links noch etwas? bedeutend vermehrt wurden. Fast alles, worum ich fragte, konnte sie gleich oder „nach genauerem

Hinsehen", wie wir es ausdrückten, richtig sehen. Nach 5 Minuten veränderte sich z. B. die weiße Farbe des Tuches im Vordergrund in Dunkelbraun und gleich danach verschwand das AB, das sich bis dahin unverändert und unbeweglich gehalten hatte.

Vers. III. 8. XI. 36. Von dem vor 14 Tagen gesehenen Bild, die Mittagsruhe in der Ernte, wurde, ohne das Urbild wiederzusehen, AB gebildet. Fülle von richtigen Einzelheiten. (Es ist nicht möglich die vollständigen Protokolle wiederzugeben.) Im ganzen ist zu sagen, daß dieses AB besser war als das erste, nur mit der Eigentümlichkeit, daß die Züge, die beim erstenmal erst auf Fragen gesehen wurden, jetzt gleich mit dabei waren, aber verändert, also unrichtig. Vp. erzeugt ohne Vorlage AB des vor 24 Tagen gesehenen Eulenspiegelbildes. Fehler in den Farben, etwas Gestreiftes an sich (muß sich auf die Schürzenbänder beziehen, beim ersten AB hatte Vp. keine Schürze gesehen). Beim Vergleich mit dem Urbild berichtet Vp.: AB bedeutend größer, dreimal so groß, im AB hatte Eulenspiegel Schuhe an, die Eulen waren mehr wirklich (im Urbild sind die Eulen aus Brot gebacken). Bewegung und räumliche Anordnung stimmte.

Vp. bildet AB des vor 24 Tagen gesehenen Scherzbildes von Chaplin ohne neuerliche Vorlage: Großer roter Schlips (richtig), richtige Chaplinfüße (richtig), hält den Stock eigenartig in der Hand, Halbkracher (steifer Hut) sehr groß, halt, weiß nicht recht, sitzt eigenartig; nein, der Hut ist ganz klein (letzteres richtig), blaue Hosen (richtig). Vergleich mit dem Urbild: AB 15 cm, etwas größer als Urbild, nicht so gebogen, hat den Stock anders gehalten, Stock im AB schwarz (gelb im Urbild), im AB hat er mich direkt angesehen.

3) Vp. A. H. 28 Jahre. NB normal, ebenso Emmertsches Gesetz, d. h. NB wuchs mit der Entfernung, wurde kleiner beim Näherrücken, 2.4 cm im Abstand von 20 cm. Beim Kopfneigungsversuch ging das NB über rot, violett zur Urfarbe über, manchmal wurde es gleich urbildmäßig gesehen, machte aber die Neigung des Kopfes bis zu 60° mit, entgleitet dann nach rechts unten, auch bei der Neigung des Kopfes nach links und das bei wiederholten Versuchen immer wieder. Ein einigermaßen deutliches AB erzeugt

Vp. nur von dem Vergißmeinnichtstrauß in Urfarbe mit hellen Punkten in der Mitte. Müller-Leyersche Figuren: Vp. kann von der Figur mit auswärts gerichteten Pfeilen ein AB bilden, das nicht viel länger aber sehr viel breiter ist, scheinbar nicht scharf an den Rändern, da es nicht meßbar war, aber der Zirkel wurde gleich 5 cm auseinandergezogen. Das AB wurde länger beim Einatmen und ging beim Ausatmen wieder zusammen. Die Figur mit den nach innen gerichteten Pfeilen wurde im AB 1 cm breit ohne scharfe Endpunkte gesehen, dehnte sich beim Einatmen und zog sich beim Ausatmen zusammen.

Silhouette nach W. Jaensch, Abb. 20, ergab nach Fixation nur die Dame mit dem Schirm und den kleinen dicken Mann, hielt sich unverändert 2 Minuten. Nach freier Betrachtung wurde außerdem noch der Mann mit dem Karren gesehen, aber nicht sehr deutlich. Fragen nach Einzelheiten (z. B. was ist denn vor dem Karren?) ergaben nicht viel, nur ein Hund wurde vor dem Karren auf meine Frage gesehen. Auf die Frage nach der Kopfbedeckung des den Karren schiebenden Mannes kam die rasche bestimmte Antwort, er habe eine Kopfbedeckung. Was für eine? Darauf unsichere und unrichtige Antwort. Das AB war urbildmäßig. Vp. sagte nach dem Versuch: Ich wußte aber schon vorher, daß man solche Bilder sehen kann, ich konnte das sehr gut als Kind. Er konnte sehen, was er wollte. Auf meine Frage in welchem Alter er am besten sah, meinte er auf Grund einer bestimmten Erinnerung mit 11 Jahren. Er war damals auf einer Alm gewesen, und die Sennhütte konnte er zu Hause, wann er wollte, auch am hellen Tage deutlich vor sich sehen.

2) Versuch B.

Dieser Versuch ist ein Kettenversuch, bei dem nur die erste Vp. die Originalgeschichte kannte. Die Geschichte sollte zweimal durcherzählt werden. Das ist aber nur ein Plan geblieben, sie wurde leider nur 14mal in erster Reihe erzählt, und es läßt sich aus diesem Versuch nichts Neues ablesen, nur Beispiele dafür, wie eine Geschichte zersagt wird. Da aber derartige

Versuche in der volkskundlichen Literatur nicht bekannt sind und m. W. nur Bartlett derartige Versuche veröffentlicht hat, so sei das Ergebnis in Kürze mitgeteilt. Meine Absicht war, im Gegensatz zu Versuch A, eine ziemlich gleichgültige Geschichte zu wählen, um bei der zweiten Nacherzählung um so deutlicher das sich „Erholen" der Geschichte sehen zu können. Von den 14 Vp., die wiedererzählt haben, finden 4 die Geschichte interessant, 5 gleichgültig, 1 fast gleichgültig; die übrigen haben sich nicht geäußert. Die Erzählung sollte nach drei Tagen gemacht werden, es war aber bei der ersten Lesung nicht gesagt, daß später wiedererzählt werden sollte. Das dachten sich aber alle Vp., da sie ja den Versuch C schon alle gemacht hatten. Der Text: Grimm, DS. 1, 115 Nr. 100:

Ein gespenstiger Reuter.

Ein unbekannter Mann hatte sich gegen das Ende des 17. Jahrhunderts bei einem Grafen von Roggendorf zum Bereiter angegeben und wurde, nach geleisteter Probe, zu Diensten angenommen und ihm eine ehrliche Bestallung gemacht. Es begab sich aber, daß einer von Adel bei Hof anlangte und mit diesem Bereiter an die Tafel gesetzt wurde. Der Fremde sah ihn mit Erstaunen, war traurig und wollte keine Speise zu sich nehmen, ob ihm wohl der Graf deswegen freundlich zugesprochen. Nachdem nun die Tafel aufgehoben war und der Graf den Fremden nochmals nach der Ursache seines Trauerns befragte, erzählte er, daß dieser Bereiter kein natürlicher Mensch, sondern vor Ostende ihm an der Seite erschossen sei, auch von ihm, dem Erzähler, selbst zu Grabe begleitet worden. Er gab auch alle Umstände an: des Toten Vaterland, Namen, Alter, und das traf alles mit dem, was der Bereiter von sich selbst gesagt, ein, so daß der Graf daran nicht zweifeln konnte. Er nahm daher Ursach, diesem Gespenst Urlaub zu geben mit Vorwenden, daß seine Einkünfte geringer und er seine Hofhaltung einzuziehen gesonnen. Der Bereiter sagte, daß ihn zwar der Gast verschwätzt, weil aber der Graf nicht Ursache hätte ihn abzuschaffen und er ihm getreue Dienste geleistet und noch leisten wolle, bitte er, ihn ferner an dem Hof zu erdulden. Der Graf aber beharrte auf dem einmal gegebenen Urlaub. Deswegen begehrte der Bereiter kein Geld, wie bedingt war, sondern ein Pferd und ein Narrenkleid mit silbernen Schellen, welches ihm der Graf gerne ließ, und noch mehr wollte reichen lassen, das der Bereiter anzunehmen verweigerte.

Es fügte sich aber, daß der Graf nach Ungarn verreiste und bei Raab, auf der Schütt, diesen Bereiter mit vielen Kuppelpferden in dem Narrenkleide antraf, welcher seinen alten Herrn, wie er ihn erblickte, mit großen Freuden begrüßte und ihm ein Pferd zu verehren anbot. Der Graf bedankte sich und will es nicht nehmen, als der Bereiter aber einen Diener ersieht, den er sonst am Hof wohl gekannt, gibt er diesem das Pferd. Der Diener sitzt mit Freuden drauf, hat es aber kaum bestiegen, so springt das Pferd in die Höh und läßt ihn halbtot auf die Erde fallen. Zugleich ist der Roßtäuscher mit seiner ganzen Kuppel verschwunden.

Die Hauptgedanken sind folgende: 1. Ein Unbekannter wird Bereiter, 2. Gast sieht ihn bei Tisch, 3. Gast wird traurig, 4. Erzählung a), b) genaue Angaben über Alter usw., welche stimmen, 5. Graf will Bereiter entlassen, 6. Bereiter weigert sich, 7. Graf beharrt, Bereiter nimmt nur ein Narrenkleid und Pferd als Lohn, 8. Reise nach Ungarn — Bereiter mit vielen Pferden, 9. Bereiter begrüßt voll Freude den Herrn und bietet ihm ein Pferd zum Geschenk an, 10. Graf lehnt ab, Bereiter bietet es einem ihm von früher bekannten Diener an, 11. Diener sitzt auf, wird abgeworfen, halbtot, 12. Roßtäuscher und Pferde verschwinden. 1. N[1] (Vp. 25) alle 12 Punkte richtig, nur bei 1 Name und Jahrhundert, bei 4 Ortsname weggelassen. 2. N: 1 bleibt weg, daß der Bereiter ein Unbekannter war, kommt hinzu, daß der Graf zufrieden mit ihm war, dieser Punkt heißt in der Form 1a, 9. bat ein Pferd zu wählen, diese Form heißt 9a, 10a. Bereiter drängt das Pferd dem Diener förmlich auf, 11a. Diener fällt sich zu Tode, 12. fällt weg. 3. N: 1a. 2, 3, 4a verkürzt, 5, 6, 7, 8a Pferdemarkt, Bereiter zwischen einem Trupp Zigeuner, 9, 10, 11a; 12 fehlt. 4. N: 1a, 2a Nachbar, anstelle Gast, 3, 4a nur gesagt, daß Bereiter ein Gespenst sei, 5a Graf sträubt sich zu entlassen, ist ungläubisch, 6, 7, 8a,

[1] Für Nacherzählung immer N.

11a ausgeschmückt, 12 fehlt. 5. N: 1b zwischen Graf und Bereiter freundschaftliches Verhältnis, 2b beim Morgenkaffee, der Bereiter kommt, um zum Morgenritt aufzufordern, 3b begründet durch besondere Begabung des Gastes mehr zu sehen als andere, 4b Eröffnung der Bereiter sei eine Spukgestalt, die dem Hause Unglück bringen werde, 5b Graf läßt sich überreden, 6a stark ausmalend, 8c Einkauf von Pferden, wandernde Komödianten, unter diesen Bereiter im Narrengewand, 9b beiderseitige Freude am Wiedersehen, Bereiter mischt sich in den Handel, dringt in den Graf ein schönes Pferd zu kaufen, oder doch zu probieren, 10a neu: als der Graf die Zügel in die Hand nimmt, hört er die warnende Stimme des Freundes wieder, 11b der neue Bereiter besteigt das Pferd, getötet, 12a wird zugefügt, der Gauklertrupp und der alter Bereiter verschwinden. 6. N: 1b, 2b, 3b, 4b, 5b, 6, 7, 8c, 9b, 10a, 11b, 12a. 7. N: 1b, 2b, 3c der hellseherische Gast erkennt den Bereiter als unheilbringend, 5b, 7, 8c, 9b, 10a, 11b, 12a. 8. N: 1a, 2b, 3d Bereiter macht Eindruck eines verschlagenen, heimtückischen Höflings, 5b, 6, 7, 8c, 9, 10a, 11c der alte Bereiter springt auf das Pferd und bricht das Genick, 12b Gauklertrupp verschwunden. 9. N: Ein Gutsherr hatte einen Bereiter, dem er durch viele Jahre volles Vertrauen schenkte. (1a) Da kam eines Tages ein alter Freund zu ihm auf Besuch. Als er mit ihm beim Mahle saß, trat der Bereiter herein. (2b) Der Freund erschrak heftig, denn der Mann machte ihm den Eindruck eines verschlagenen, heimtückischen Menschen. (3d) Als der Bereiter das Zimmer wieder verlassen hatte, drang der Freund in den Gutsherrn, sich von diesem gefährlichen Menschen zu trennen. Der Gutsherr verteidigte ihn lange, als aber der Freund nicht nachließ, versprach er ihm zu folgen. (5b) Anfänglich wollte der Bereiter nicht glauben, daß die Kündigung ernst gemeint sei und erinnerte den Gutsherrn an alle seine Dienste in der Vergangenheit. (6) Als er aber merkte, daß alles vergeblich sei, erbat er sich zum Abschied nur ein Narrengewand (7). Nach Jahren kam der Gutsherr auf einen Pferdemarkt in der Umgebung. Ein Pferd gefiel ihm sehr und er wollte es kaufen. Plötzlich sah er seinen alten Bereiter mit einem Gefolge herumziehender Leute (8c), der ihn gleich erkannte und ihm ebenfalls das Pferd sehr anpries (9). Da erschien ihm im letzten Augenblick wieder jener Freund und warnte ihn vor dem Pferd (10a). Der Gutsbesitzer ließ von dem Kaufe ab und sah, wie der Bereiter es bestieg. Im nächsten Augenblick stürzte der Reiter vom Pferd und als der Gutsherr sich nach seinem Gefolge umsah, war es verschwunden. (12c). In dieser Fassung kam die Erzählung zu mir und ich fand, daß es keinen Zweck hätte sie noch weiter „zersagen" zu lassen, deshalb beschloß ich, sie selbst wiederzuerzählen (da ich den Urtext nicht hatte) und meine Nacherzählung weitergehen zu lassen. Ich erhielt die letzte Nacherzählung am 29. XI. 1936 und hatte den Urtext das letzte mal im März 1935 gelesen, um eine der vorhergehenden Wiedererzählungen zu vergleichen. Ich glaubte mich der Hauptsachen mit Sicherheit zu entsinnen. Während der Wiedererzählung schwebte mir störend die Vorstellung von dem sehr papiernen Stil des Urtextes vor, wobei ich das Gefühl hatte, du machst es noch schlechter. Unsicher fühlte ich mich bei der Angabe der Gastfreund teilte etwas über die Familienverhältnisse des Bereiters mit. Dunkel schwebte mir vor: Das war wohl nötig, um den Bereiter zu identifizieren und den Gutsherrn überzeugen zu können. Bei dem Satz: aber der Reitknecht konnte es nicht lassen das schöne Tier zu besteigen, das deutliche Gefühl einer Vorlage, dachte dabei an eine bestimmte Person, die sicher so geschrieben haben würde. Das Wort Kuppel war mir fremd, aber ich glaubte bestimmt zu wissen, daß es im Urtext stand. 10. N: 1a, 2, 3, 4 mit dem Fehler, daß Antwerpen als Schlachtort genannt wird. 5, 6, 7, 8, 9, 10b der Knecht kann nicht lassen das Pferd zu besteigen, 11a, 12. 11. N: 1, 2, 3, 4d Weltkrieg, 5c schickt den Bereiter fort, — — 8, 9 infolge des Narrenkleides, 10c um Reiterkunststücke zuzeigen, 11a, 12 fehlt. 12. N: 1a, 2, 3, 4d, 5c, — — 8, 9, 10c, 11a, —. 13. N: 1b, 2b, 3, 4d, 5c, 8, 9, 10c, 11a, —. 14. N: 1a, 2, 3, 4d, 5c, — — 8, 9, 10b, 11a, —. Die Reihe 1—9 hat die Erzählung gänzlich verdorben, während die Reihe 10—14 noch das richtige Gerippe zeigt, und voraussichtlich beim Weitererzählen immer mehr einschrumpfen würde. Durch die Einführung des Namens Antwerpen in N 10 hat die Erzählung eine zeitliche Verlagerung erfahren. In der Jetztzeit hat das Narrengewand keinen Sinn, es ist daher weggeblieben. In der ersten Reihe dagegen, in der die Geschichte einen ausgeprägten Vergangenheitscharakter hatte, wurde das Narrengewand beibehalten und mußte erklärt werden. Vor allem dadurch, daß die Erzählung des Gastes, er habe den Bereiter selbst begraben, wegfiel und an Stelle dessen zuerst das Hellsehen des Gastes und schließlich gar der schlechte Eindruck, den der Bereiter auf ihn machte, trat, ist die Erzählung sinnlos geworden.

Verzeichnis der Abkürzungen

Abkürzungen für häufig genannte Werke:

Aall = Aall, Anathon, Psykologi. Oslo 1926.

Ach, Wille = Ach, Narziß, Analyse des Willens. 1935.

Jaensch, Aufbau = E. R. Jaensch und Mitarbeiter, Über den Aufbau der Wahrnehmungswelt und die Grundlagen der menschlichen Erkenntnis. 2. Aufl. Teil 1, 1927; Teil 2, 1931.

Jaensch, Grundformen = Jaensch E. R., Grundformen menschlichen Seins. 1929.

Jaensch W. = Jaensch, Walter, Grundzüge einer Physiologie und Klinik der psychophysischen Persönlichkeit. 1926.

Kroh = Kroh, Oswald, Subjektive Anschauungsbilder bei Jugendlichen. 1922.

Krueger = Krueger, Felix, Über psychische Ganzheit. Neue psychologische Studien 1, 1 ff.

Sammelwerke, Zeitschriften.

FoF. = Folkminnen och Folktankar (Göteborg).

HdA = Handwörterbuch des deutschen Aberglaubens. Hg. von E. Hoffmann-Krayer und H. Bächtold-Stäubli.

NdZVk. = Niederdeutsche Zeitschrift für Volkskunde, Bremen.

NF = Norsk Folkeminnelag. Oslo.

ZaPs. = Zeitschrift für angewandte Psychologie, Leipzig.

ZPs. = Zeitschrift für Psychologie und Physiologie der Sinnesorgane. 1. Abteilung, Zeitschrift für Psychologie. Leipzig.

ZVk. = Zeitschrift für Volkskunde. Berlin.

Abkürzungen im Text

AB = Anschauungsbild.

N = Nacherzählung.

NB = physiologisches Nachbild.

VB = Vorstellungsbild.

Vers. = Versuch.

Vp. = Versuchsperson.

Korrekturnote zu S. 101. Dasselbe wird dadurch erreicht, wie ebenfalls in der Novelle angedeutet wird, daß man einen derartigen Daumen in den Braukessel legt; z. B. Laß'sche Chronik von Husum 17. Jahrhundert (Paul Schütze, Theodor Storm, 4. Aufl. 253); nach dänischem Volksglauben des 18. Jahrhunderts (Danmarks Folkeminder 43 (1935) 45, 54).

Schriftenverzeichnis

Aall, Anathon, Psykologi. Oslo 1926.

—, Zur Frage der Hemmung bei der Auffassung gleicher Reize, ZPs. 47, 1ff.

—, Zur Psychologie der Wiedererzählung, ZaPs. 7 (1913), 195ff.

—, Ein neues Gedächtnisgesetz? ZPs. 66 (1913).

—, Die Bedeutung der Zeitperspektive für die Dauer der Gedächtnisbilder. Bericht über den V. Kongreß für experimentelle Psychologie.

—, Zur Psychologie des Stabreimes, ZPs. 122 (1931).

Aall, Lily siehe Weiser-Aall, Lily.

Ach, Narziß, Analyse des Willens. Handbuch der biologischen Arbeitsmethoden, hg. von E. Abderhalden VI. E. 1935. — Gekürzt: Ach, Wille.

—, Über den Begriff des Unbewußten in der Psychologie der Gegenwart, ZPs. 129.

Andersson, Walter, Zu Albert Wesselskis Angriffen auf die finnische folkloristische Forschungsmethode. Tartu 1935. Commentationes Archivii Traditionum popularium Estoniae. 4, 21ff.

Andrae, Tor, Zur Frage der religiösen Anlage, religionsgeschichtlich beleuchtet. Uppsala 1932.

Arndt, Ernst Moritz, Märchen und Jugenderinnerungen. 1. Teil (2. Ausgabe Berlin 1842).

Bachmann, Arnim, Zur psychologischen Theorie des sprachlichen Bedeutungswandels. Arbeiten zur Entwicklungspsychologie hg. von Felix Krueger, Bd. 15, 1935.

Bartlett, F. C., Remembering. Cambridge 1932.

Bertholet, Alfred, Das Wesen der Magie. Nachrichten der Gesellschaft der Wissenschaften zu Göttingen. Geschäftliche Mitteilungen 1926/27.

Bonte, Theodor, Die personale Bedeutung der eidetischen Anlage. ZaPs. Beihefte 13. Folge, Heft 43.

Ebbinghaus, Hermann, Grundzüge der Psychologie. Hg. von Karl Bühler.

Elmgren, John, Minnets funktion, struktur og utveckling. Göteborg 1934.

Forrer, R., Un char de culte à quatre roues et trône découvert dans un cumulus gaulois en Ohnenheim en Alsac. Straßbourg 1921.

Fröbes, Joseph S. J., Lehrbuch der experimentellen Psychologie. 1920.

Geiger, Paul, Deutsches Volkstum in Sitte und Brauch. Deutsches Volkstum 5, 1936.

Granberg, Gunnar, Skogsrået i yngre nordisk folktradition. Uppsala 1935. Skrifter utgivne av Gustav Adolfs Akademien för folklivforskning 3.

Grimm, Brüder, Die deutschen Sagen der Brüder Grimm. Hg. von Hermann Schneider. — Gekürzt: Grimm DS.

Haberlandt, Arthur, Lebenskreise als ein Forschungsziel der Volkskunde. Festschrift Theodor Siebs (1933). Germanistische Abhandlungen 67.

Häußler, Franz und Fritz Redl, Einführung in die Psychologie. Wien 1933. — Gekürzt: Häußler-Redl.

Henssen, Gottfried, Volkstümliche Erzählkunst. Heft 4 der Beiträge zur rheinischen und westfälischen Volkskunde in Einzeldarstellungen. 1936.

Herrmann, Johannes, Gesamterlebnis bei Gerüchen. Neue psychologische Studien 1, 477ff. 1926.

Höfler, Otto, Kultische Geheimbünde der Germanen. Band 1, 1934.

Ipsen, Gunther, Zur Theorie des Erkennens. Neue psychologische Studien 1.

Jaensch, E. R. und Mitarbeiter, Über den Aufbau der Wahrnehmungswelt und die Grundlagen der menschlichen Erkenntnis. 2. Aufl. Teil 1, 1927; Teil 2, 1931. — Gekürzt: Aufbau.

—, Grundformen menschlichen Seins. Schriften der Gesellschaft zur Beförderung der gesamten Naturwissenschaften zu Marburg/L. 17, 1929. — Gekürzt: Grundformen.

—, Die Eidetik und die typologische Forschungsmethode. 1927.

—, Untersuchungen zur Tonpsychologie. Bericht über den VI. Kongreß für experimentelle Psychologie in Göttingen. 1914. 1. Teil 79ff.

— und J. Schweicher, Die Streitfrage zwischen Assoziations- und Funktionspsychologie, geprüft nach eidetischer Methode. (1927.) Sitzungsberichte der Gesellschaft zur Beförderung der gesamten Naturwissenschaften zu Marburg/L. 61, 62.

Jaensch, Walter, Grundzüge einer Physiologie und Klinik der psychophysischen Persönlichkeit. 1926. — Gekürzt: Jaensch, W.

Kamphausen, A., Schleswig-holsteinische Sagen als Quelle geschichtlicher Forschung. NdZVk. 13, 106ff.

Katz, David, Der Aufbau der Tastwelt. 1925. ZPs. Ergänzungsband 11.

Kroh, Oswald, Subjektive Anschauungsbilder bei Jugendlichen. Eine psychologisch-pädagogische Untersuchung. Göttingen 1922. — Gekürzt: Kroh.

—, Eidetiker unter den deutschen Dichtern. ZPs. 85, 118—162.

Krantz, Fritz, Experimentell-strukturpsychologische Untersuchungen über die Abhängigkeit der Wahrnehmungswelt vom Persönlichkeitstypus. ZPs. Ergänzungsband 16 (1930), 105ff.

Krueger, Felix, Über psychische Ganzheit. Neue psychologische Studien 1, 1ff.

—, Die Theorie der Konsonanz. Psychologische Studien Bd. 1, 2, 4.

—, Der strukturelle Grund des Fühlens und Wollens. Bericht über den XV. Kongreß der Deutschen Gesellschaft für Psychologie, 1937.

Lid, Nils, Til varulvens historie. Saga og Sed, 1937.

Liefmann, E., Untersuchungen über die eidetische Veranlagung von Schülerinnen einer Mädchenschule. ZaPs., Beihefte 13. Folge, Heft 43, 111—196.

Liestöl, Knut, Norske aettesogor. 1922.

—, Upphavet til den islendske aettesaga. 1929.

Liungmann, W., Sinnesvillor og Sägenbildning. FoF. 1927, 169ff.

Mackensen, Lutz, Volkskunde und Vorgeschichte. NdZVk. 3 (1925), 88ff.

Mannhardt, Wilhelm, Wald und Feldkulte. Berlin 1904.

Moede, Walter, Experimentelle Massenpsychologie. 1920.

Müller-Freienfels, Richard, Grundzüge einer Lebenspsychologie. Band 1: Das Gefühls- und Willensleben. 1924. Band 2: Das Denken und die Phantasie. 1925. — Gekürzt: Müller-Freienfels.

Opedal, Halldor, Makter og Mennske. Folkeminnen ifrå Hardanger. Norsk Folkeminnelag 23, 1930.

Ostermeyer, Gerda, Erbcharakterkunde, Gestaltpsychologie und Integrationspsychologie. In Gemeinschaft mit Gerda Ostermeyer und Franz Lotz hg. von Gerhard Pfahler. 1937. ZaPs. und Charakterkunde. Beiheft 73.

Otto, F. W., Die Manen oder von den Urformen des Totenglaubens. 1923.

Parr, Thomas, Der intellektuelle Eigenwert der Gefühlsbetonung. Skrifter utgitt av det norske vitenskapsakademi i Oslo 1922. Histor. filosof. Kl. Nr. 8.

Peuckert, Will-Erich, Schlesische Sagen. 1924.

—, Schlesische Volkskunde. 1928.

—, Magie im schlesischen Vorgebirge. ZVk. 7 (1937), 102ff.

Poppelreuter, Walter, Psychokritische Pädagogik. 1933.

Ranke, Friedrich, Volkssagenforschung. Deutschkundliche Arbeiten. Allgemeine Reihe, Band 5 (1935).

Ranschburg, P., Behaviorismus und Psychologie. ZPs. 1932.

Reichborn-Kjennerud, I., Den norske dvergtradisjon. Norsk Folkekultur 1934, 85ff.

Ribskog, B., Experimentelle Untersuchungen für die für den Unterrichtserfolg günstigste Repetitionszeit. ZaPs. 43 (1932), 345f.

Roeßler, Fritz, Verbreitung und Erscheinungsweise subjektiver optischer Anschauungsbilder bei Knaben und Mädchen im Alter von 6—10 Jahren. ZaPs. Beihefte 13. Folge, Heft 43, 197—371.

Rumpf, Max, Religiöse Volkskunde. 1933.

Sander, Fr., Zur neueren Gefühlslehre. Bericht über den 15. Kongreß der Deutschen Gesellschaft für Psychologie. 1937.

Schjelderup, Harald, Psykologi. Oslo 1927.

Schmeïng, K., Eidetische Studien zum Problem des zweiten Gesichtes. ZPs. 139 (1936).

—, Gefühl und Wille im eidetischen und okkulten Erleben. Bericht über den 15. Kongreß der Deutschen Gesellschaft für Psychologie. 1937.

Schou, H. I., Fölelsernes Fysiologi. København 1936.

Sommer, Emil, Sagen, Märchen und Gebräuche aus Thüringen. 1864.

Stern, William, Allgemeine Psychologie. Haag 1935. — Gekürzt: Stern, APs.

Störring, G. E., Gedächtnisverlust durch Gasvergiftung. Bericht über den 15. Kongreß der Deutschen Gesellschaft für Psychologie. 1937.

Sydow, C. W. von, Spöktro og vättetro. FoF. 1925, 1, 1—10; 2, 3—22.

—, Det ovanligas betydelse i tro og sed. FoF. 1926, 53ff.

—, Associationens betydelse i tro og sed. FoF. 1928, 67ff.

—, Die psychologischen Gründe der Manavorstellung. Vetenskaps societeten årsbok. Lund 1929.

—, Et bidrag til riternas psykologi. Festkrift tillägnad Axel Herrlin, 406ff. (1935).

Usnadze, D., Ein experimenteller Beitrag zum Problem der psychologischen Grundlagen der Namengebung. Psychologische Forschung 5 (1924), 24ff.

Watson, John B., Psychology from the standpoint of a behaviorist. 1919.

Weiser-Aall, Lily, Der seelische Aufbau religiöser Symbole. ZVk. V (1933), 15ff.

Weiser-Aall, Lily, Zum seelischen Aufbau religiöser Symbolerlebnisse. Eine ergänzende Untersuchung durch Fragebogen. Zeitschrift f. Religionspsychologie 1934, 129ff., 208ff.

—, Experimentelle Beiträge zur Psychologie der mündlichen Überlieferung. NdZVk. 1935, 157ff.

—, En studie over sagnet om hundekongen. Maal og Minne 1933, 134ff.

—, (Weiser, Lily), Altgermanische Jünglingsweihen und Männerbünde. Bausteine zur Volkskunde und Religionswissenschaft hg. von Eugen Fehrle, Heft 1. Bühl 1927.

Werner, Heinz, Über die Sprachphysiognomik als einer neuen Methode der vergleichenden Sprachbetrachtung. ZPs. 109.

Wesselski, Albert, Versuch einer Märchentheorie. Prager deutsche Studien 45, 1931.

Wisser, Wilhelm, Auf der Märchensuche. (Ohne Jahreszahl.)

Wolfram, Richard, Schwerttanz und Männerbund. 1936.

Würdemann, Wilhelm, Über die Bedeutung des Gefühls für das Behalten und Erinnern. Neue psychologische Studien 1, 507ff. 1926.

Zemann, Hans, Verbreitung und Grad der eidetischen Anlage. ZPs. 96, 266ff.

Zingerle, Ignaz, Sagen aus Tirol. 2. Aufl. Innsbruck 1891.

Sachweiser

FSC
www.fsc.org
MIX
Papier | Fördert gute Waldnutzung
FSC® C083411

Kolibri 360 GmbH
Ferdinand-Jühlke-Straße 7
99095 Erfurt, Deutschland
produktsicherheit@kolibri360.de